거꾸로 읽는 요나서 강의

요나는 과연 회개하였는가?

이진섭 지음

개정·증보판

요나는 과연 회개하였는가? 불순종을 회개하는 기도를 한 후
하나님의 말씀과 마음을 따라 니느웨 성에 바르게 선교했는가?
부록 1. 3막(幕) 7장(場)으로 읽는 요나서
부록 2. 요나서 3:1-4의 문맥 구조가 주는 함의

거꾸로 읽는 요나서 강의
요나는 과연 회개하였는가?
개정·증보판

초판1쇄 2022년 10월 28일

지은이   이진섭
판권   ⓒ이진섭 2022
펴낸이   이진섭
디자인   최주호
펴낸곳   도서출판 세미한
등록번호 제2019-000016호
등록된곳 경기도 화성시 10 용사로 221. 102-405
전화   010-4475-4015
팩스   0504-325-4015
이메일   yyipsae@daum.net
facebook www.facebook.com/yyipsae

ISBN   979-11-967304-7-5   03230

값 16,000 원

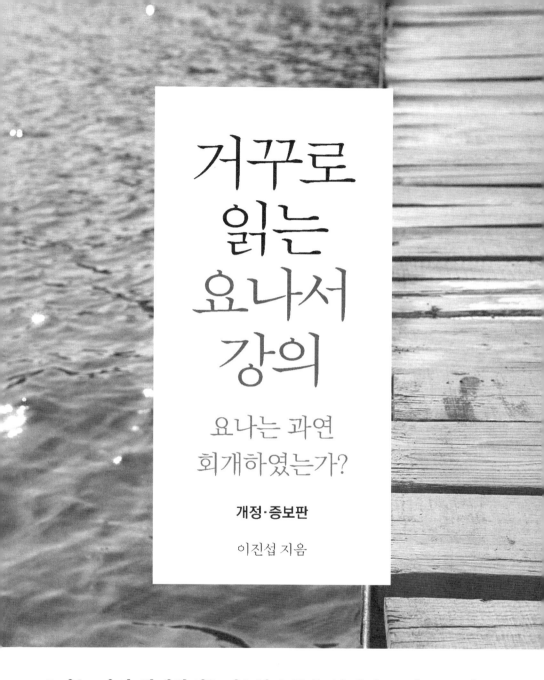

거꾸로 읽는 요나서 강의

요나는 과연 회개하였는가?

개정·증보판

이진섭 지음

요나는 과연 회개하였는가? 불순종을 회개하는 기도를 한 후
하나님의 말씀과 마음을 따라 니느웨 성에 바르게 선교했는가?
부록 1. 3막(幕) 7장(場)으로 읽는 요나서 / **부록 2.** 요나서 3:1-4의 문맥 구조가 주는 함의

추천사

나는 단언하건대, 신구약 성경에서 가장 매력적이면서도 예외적이고 희한한 인물 한 명을 고르라면 요나이다. 하나님의 뜻을 알고도 거역하고 목숨을 걸고 도발할 정도로 배짱도 두둑하다. 이 사람, 이래도 되나 싶을 정도로 막무가내다. 그걸 참고 참고 또 참는 하나님이 대단하다. 하지만, 그간의 요나는 선교적이고, 자신의 뜻을 돌이키고 순종한 모범적인 예언자다. 그것이 오해이었음을 이진섭교수는 독특하게 밝혀낸다. 순서를 뒤집어서 4장부터 3장, 2장, 1장으로, 역순으로 읽어낸 것이다. 그리하여 우리 교회가, 신자들이 요나와 같음을, 나는 거룩하고 자녀요 의인이라고 으스대면서 니느웨와 같은 이방인이요 타인이자 죄인은 죽어 마땅하다고 상대방을 으깨어버리는, 그리고 내 생각과 기대를 충족시키지 못하는 하나님에게 호통치고 명령하는 요나와 하등 다를 바 없음을 단단히 일러준다. 우리의 신앙을 뒤집고 뒤엎는 전복적 세계관으로 가득찬 요나서에 걸맞게 순서를 뒤집어서 거슬러 올라가는 저자의 묵직한 신학적 힘을 의지해서 천천히 따라가면, 기존 공식에 맞지 않는 내 원수인 니느웨를 사랑하시는 새로운 하나님을 만날 것이다. 그리고 요나 같은 나를, 요나 같지 않아야 하는 나를 만날 것이다. 그 길을 안내한 저자에게 깊이 감사드린다.

김기현(로고스서원 대표), 〈욥, 까닭을 묻다〉의 저자

개정·증보판 서문

『거꾸로 읽는 요나서』가 그 동안 독자들로부터 많은 사랑을 받았습니다. 부족한 필자의 필력에 비출 때 과분한 사랑이고 은혜였습니다. 필자의 논지에 많이 공감해 주셨고 여러 격려와 응원의 말씀을 전해 주셨습니다. 출간된 책이 모두 소진되어 이미 오래전에 절판된 상태였는데, 여러 분께서 재출간의 여부를 문의해 주셨습니다.

현재 맡은 사역의 과분함과 능력 부족을 핑계로 그런 요청을 계속 흘려들었습니다. 하지만 올해 특별히 몇 분과의 만남과 재출간의 요청으로 재출간을 깊이 재고하게 되었습니다. 첫 출판 이후 약 20여년이 지났지만 여전히 본서가 밝히는 논지는 필요하고 그 논지에 기초한 요나서의 메시지는 지금 우리시대에도 전달되어야 한다는 점을 생각하였습니다. 결국, 지난 원고를 수정할 부분은 고치고 또한 일부 내용을 추가하여 개정·증보판을 내는 길로 가닥을 잡았습니다.

개정·증보판에도 이전 저술이 가진 기본 논지와 논거는 변하지 않고 그대로 계속 유지됩니다. 말 그대로 수정할 부분은 전체적으로 개선하고 추가로 넣을 부분은 넣어서, 기존의 논지와 논거를 더

욱 보강하였습니다. 이번 개정·증보판은 지난 저술과 연계성을 살리면서도 몇 가지 점에서 이전 것과 구분되는 특징을 지닙니다.

(1) 이전의 오타나 어색한 표현을 고쳤고, 한글맞춤법의 변화에 따라 전반적으로 수정하였습니다. 요나서의 구약성경 책 이름은 '요나'이지만, 사람 이름과 책 이름 사이 혼동을 피하려고 책 이름은 '요나서'로 사용하였고, 사람 요나는 '요나'로 썼습니다.

(2) 한국교회에서 개역개정 성경이 이전의 개역한글판을 대치하였으므로 이전 저술에서 사용되던 개역한글판을 개역개정판으로 바꾸었습니다. 다만 개역한글판으로 논의가 필요한 부분은 개역개정과 함께 사용하였습니다.

(3) 이전 판의 '입니다'체는 그대로 유지했습니다. (다만, '부록'은 글의 성격 때문에 '이다'체로 넣었습니다.) 논지와 논거의 복잡함 때문에 책이 딱딱하다고 느껴지는 부분을 '입니다'체가 좀 완화시키기 때문이기도 하고, 또한 본서가 일종의 '강의' 형태로 쉽게 이해되는 데 도움이 되기 때문입니다. 글을 전체적으로 수정하여 본서가 현장 '강의'를 듣는 느낌이 되도록 더 노력했습니다. 그래서 이전 제목에 '강의'라는 부분을 추가했습니다.

(4) 부록 두 개를 추가했습니다. 하나는 '부록 1. 3막(幕) 7장(場)으로 읽는 요나서'이고, 다른 하나는 '부록 2. 요나서 3:1-4의 문맥 구조가 주는 함의'입니다.

① '부록 1'은 요나서가 하나의 '극'(劇)처럼 쓰인 특징을 고려하여 요나서를 일곱 개의 '장면'(場面)과 세 개의 '막'(幕)으로 구성된 형식으로 이해합니다. 이 3막 7장의 구조에서 각 본문이 서로 어

뎧게 연결되고 상호 보완하며 통합되는지를 살피며 그런 이해로 말미암는 결과와 함의를 정리합니다.

② '부록 2'는 요나서 3:1-4를 문맥 구조 방법론으로 보는 시도입니다. 이 방법으로 보았을 때 이 본문이 어떻게 이해되며 그 결과가 어떤 해석의 방향으로 이끄는지를 살핍니다. 결국 이 결과는 요나서 3장과 요나서 전체 이해에 적지 않은 영향을 줍니다.

본 개정·증보판을 내는 데 물심양면으로 수고해 주신 윤용 목사님께 감사드립니다. 윤 목사님은 재출간의 뜻을 제안해 주셨고 이후 진행되는 과정에 많은 수고를 성심껏 감당해 주셨습니다. 본서가 다시 독자를 맞이하게 된 것은 윤 목사님의 노력과 수고 덕분입니다. 부디 본서가 주님께서 이끄시는 하나님 나라의 선한 백성들과 그 아름다운 교회 공동체에 조금이나마 도움이 되기를 바라며 기도합니다.

2022년 7월
'하나님 아들의 복음'이 한국교회에 만개되기를 기도하며,
에스라성경대학원대학교 연구실에서
이진섭

초판 서문

　이 글을 쓰게 된 연유(緣由)를 거슬러 올라가면, 약 10년 전(1991~92년 즈음)에 있었던 조그만 성경 공부 모임을 떠올려야 합니다. 직장 동료들, 교회의 후배들과 함께 요나서를 공부했던 적이 있었습니다. 그때 필자가 이해하고 있던 요나서를 다른 사람들에게 알리는 기회를 가졌습니다. 요나서에 대한 필자의 생각이 그 당시 보통 교회에서 통용되던 해석과는 (곧, 기존의 강해서나 한국어로 번역된 주석서의 견해와는) 사뭇 다른 것이었기에 약간 주저하면서 전달하였는데, 의외로 반응은 그렇게 거부적이지 않았습니다.

　1~2년 후에 또 다른 분들에게 비슷한 견해를 전하게 되었습니다. 그런데 이때에는 진지한 질문을 되받았습니다. 필자의 생각을 잘 납득하기 힘들다는 것이었습니다. 그래서 그분들에게 제 견해를 조금 더 명확하게 알리려고, 요나서에 대한 (출간되지 않은) 짧은 책자를 급히 쓰게 되었습니다(1994년). 그 습작으로 가까이 있는 분들에게 제 의견이 무엇인지 조금 더 밝힐 수 있었고, 더 나은 연구를 기약하는 기회가 되었습니다.

　그 후 시간이 훌쩍 흘렀습니다. 처음 성경 공부 모임 이후 약 10

년이 지났지만 요나서를 더 깊이 연구할 시간을 갖지 못했습니다. 연구를 더 하지도 못하고 지난 깨달음조차도 잊어버릴 만해졌습니다. 더 이상 시간만 흘려보내면서 미래의 공부를 기약하기보다는, 아는 수준만큼이나마 정리하여 다른 분들과 같이 토의하는 게 좋다고 생각하였습니다. 빛바랜 지난 자료들을 주섬주섬 챙기고, 다른 사람들이 볼 수 있도록 글의 형식을 갖추어서 습작을 내놓기로 한 것입니다(2001년).

요나서에 대한 필자의 견해는 교회에 통용되는 기존의 생각과는 조금 다릅니다. 보통은 요나가 여호와의 명령을 듣고 불순종하여 도망갔다가(요나서 1장) 나중에 회개한 것으로 이해합니다. 요나는 물고기 뱃속에서 회개와 찬양의 기도를 한 후(요나서 2장) 니느웨 성에 가서 열심히 선교하는 중에(요나서 3장), 슬럼프에 빠져 하나님과 말다툼을 벌인다고 봅니다(요나서 4장). 이런 견해는 보통 요나서 1, 2, 3, 4장을 요나의 '불순종-회개-선교-침체'라는 틀(paradigm)로 보는 시각과 관련이 있습니다.[1] 그러나 필자는 이런 틀에 의문을 가지고 있습니다. 요나가 과연 하나님 앞에서 자신의 고집을 꺾고 자기 생각을 바꾸었는지 의문스럽다는 뜻입니다.

---

1 물론 이런 식으로 요나서를 이해하지 않으신 분도 있으리라 생각합니다. 예컨대, 필자가 공부했던 London Bible College의 Jean-Marc Heimerdinger교수도 (그가 히브리어 강의 시간에 언급한 내용에 비추면) 요나의 회개에 의심을 가진 듯합니다. 하지만 우리 주위에 쉽게 통용되는 요나서에 대한 많은 책은 필자가 말한 식의 패러다임을 가집니다.

요나는 회개하지 않고[2] 요나서 처음부터 끝까지 하나님의 뜻과 거리를 둔 채 평행선을 걷고 있습니다. 다만 요나가 하나님과 등진 사실이 요나서 2장과 3장에 묘하게 감추어져 있을 뿐입니다. 결국, 요나서가 보여주는 틀은 '하나님과 요나의 평행선'입니다. 이런 틀은 요나서가 갖고 있는 메시지와 목적을 다른 각도로 바라보게 합니다. 요나서의 메시지와 목적이 이방 선교를 장려하거나 유대주의를 반대하는 것이라고 보기 힘듭니다. (물론, 이방 선교의 주제나 유대주의의 허점을 요나서가 다루지 않는다는 뜻이 아닙니다.) 오히려 요나서는 자신의 그릇된 신학 체계와 왜곡된 역사관 때문에 하나님의 측량할 수 없는 섭리(攝理)와 역사(役事)를 못마땅하게 생각하는 사람들을 경고하는 데 관심이 있습니다. 의도와 섭리를 가지고 세상 역사(歷史)를 주관해 가시는 하나님을 변호하며 변증하는 것이 요나서의 진정한 의도입니다.

이런 여러 견해 때문에 이 글은 요나서를 거꾸로 읽는 책입니다. 요나서에 대한 평범한 이해를 거꾸로 돌려놓는 책이고 (물론 처음부터 필자와 의견이 비슷하다면 다행입니다), 또한 이런 점을 설명하려고 요나서를 1장부터 읽지 않고 4장부터 거꾸로 읽어 가는 책입니다. 어떻게 보면 기존의 생각이나 사고 체계에 약간 도전적

---

2 물론 요나의 경우와 관련하여 '회개'라는 말을 쓸 수 있는가 하는 점은 논란의 여지가 있습니다. 보통 회개라는 말이 조직신학의 구원론과 관련되어서 많이 쓰이고 있기 때문입니다. 하지만 필자는 독자들이 보다 분명하게 요나의 입장을 이해할 수 있도록 '회개'라는 표현을 씁니다. 여기서 말하는 '회개'는 기존에 가지고 있던 잘못된 자기주장이나 그릇된 자기 확신을 버리는 것을 의미합니다. 결국, 요나가 자신의 잘못을 회개하지 않았다는 말은, 요나가 여호와께 불순종했던 처음의 마음과 생각을 끝까지 바꾸지 않았다는 뜻입니다.

인 책처럼 보일지 모릅니다. 하지만 이 책의 내용을 자세히 들여다보면, 이 책이 성경의 전체 교훈과 메시지를 무시하지 않고 오히려 강화하고 있다는 점을 발견하게 될 것입니다. 요나서 본문을 자세히 들추어내어, 좀 더 온전하게 본문의 뜻을 깨달아 가려는 조그만 시도라고 보시면 좋겠습니다. 처음부터 급한 선입견을 갖지 않은 채 이 책을 정독하다 보면, 필자가 제안하는 토론의 자리로 나올 수 있고, 함께 성경 본문의 뜻을 깨닫고 그것을 실천하는 길을 함께 걸을 수 있으리라 생각합니다.

이 책의 성격과 관련하여 세 가지 점을 미리 말씀드리는 게 좋겠습니다.

첫째로 이 책은 주로 성경을 연구하면서 자신의 삶을 돌아보려는 분을 염두에 두고 썼습니다. 성경 말씀을 깊이 연구할 뿐 아니라, 그 교훈을 자신의 삶에 지주로 삼아 실천하려는 분들을 도우려 했습니다. 이런 면에서 한편 글이 좀 딱딱하고 복잡하게 보일지 모릅니다. 하지만 성경 말씀에 관심이 많고 하나님을 사랑하는 분이라면, 그리 어렵지 않을 겁니다. 성경 말씀을 전해야 하는 설교자나 성도를 돕는 목회자들에게도 도움이 되도록 노력했고, 신학생이나 성경 공부 모임 리더들도 편안히 읽을 수 있도록 힘썼습니다.

둘째, 이런 특성 때문에 보다 복잡하고 전문적인 논의와 학문적인 형식은 가능하면 피하려 했습니다. 원래 필자의 논지(論旨)를 정당화하려면 보다 깊은 학문적 논의를 다루어야 하지만, 글을 읽는 독자를 고려하여 그런 논의를 일일이 다 하지는 않았습니다. 다만 꼭 필요한 논점은 가능하면 쉽게 풀어쓰려고 애썼습니다. 또한 필자는 신약학을 하는 입장이기에 구약에 대한 지식도 빈약하고, 또 이 요나서를 더 깊이 연구하지도 못했습니다. 그래서 더 자세하고 전문적인 연구는 다음을 기약하거나 구약을 연구하는 학자에게 남겨야 한다고 생각합니다.

셋째로 책의 이런 성격 때문에 필자와 다른 견해를 갖고 있는 사람들을 일일이 거론하지 않았습니다. 기존의 견해를 반대하려면 그런 견해를 취하고 있는 분들을 밝히는 게 한편으로는 필요합니다. 하지만 이 책이 학자들을 위한 저술도 아니고 또 자칫하면 필자가 개인적으로 다른 분들을 비방하거나 안 좋게 말하는 것으로 오인할 수도 있기에, 그런 방법을 택하지 않았습니다. 그렇다고 해서 반대 견해를 소홀히 하거나 무시하는 건 아니라는 점을 밝혀둡니다.

아무쪼록 우리 모두가 하나님 앞에서 나의 교만을 내려놓고 그분의 섭리(攝理)와 역사(役事)에 동참하는데, 이 작은 책이 조금이나마 도움이 되기를 소원할 뿐입니다.

2001년 5월
사랑하는 아내와 아들과 딸에게 이 글을 헌정(獻呈)하면서,
에스라성경연구원 연구실에서
이진섭

요약 목차

III부 - 요나서의 주제와 적용

세부 목차

I부 – 문제 제기

1장 · 요나는 과연 회개하였는가?

1

요나서는 친근한 책 중의 하나입니다. 구약의 선지서로 분류되어 있기는 하지만, 다른 선지서에 비해 쉽게 읽히는 책입니다. 구약성경의 대선지서는 분량이 많고 또 그 내용도 복잡하기에 쉽게 손이 가지 않는 게 사실입니다. 분량이 적은 소선지서도, 역사적 배경과 표현의 특이함 때문인지, 대부분 우리에게 그다지 가까이 있지 않습니다. 그러나 소선지서 중 하나인 요나서는 사뭇 다릅니다. 역사적 배경도 그다지 복잡한 것 같지 않고, 표현도 쉬워 보입니다. 내용도 요나라는 선지자에게 주로 국한되어 있는 듯하고, 또 읽기 쉬운 이야기체입니다. 그래서 그런지 많은 사람들이 요나서를 즐겨 읽습니다. 요나서가 설교 본문으로 종종 오르기도 하고, 때로는 성극 대본으로 등장하기도 합니다.

그러나 그런 등장 회수에 비해 '요나서가 과연 정확하게 이해되고 있는가?'라는 질문을 하면, 그 답은 그리 쉽지 않습니다. 요나서를 피상적으로 이해하는 경우가 많기 때문입니다. 피상적이고 (때로는) 부정확한 시각으로 요나서를 읽다 보면, 요나서의 참 메시지와 교훈을 정작 간과하게 될지도 모릅니다. 이런 오해는 결국 우리

신앙과 삶에 부정적으로 작용할 수도 있습니다. 그래서 이 책에서는 요나서의 내용과 교훈의 실체를 좀 다른 각도에서 새롭게 살펴보고자 합니다. 요나서 본문의 의미를 새롭게 살펴보고, 그 의미가 우리에게 주는 교훈을 다시 생각해 보려 합니다.

1. 요나서를 해석하는 기존의 시각과 관심

먼저 요나서를 보통 어떻게 바라보고 있는지, 또 그와 관련된 피상적인 이해는 무엇인지 간단히 살펴봅니다.

(1) 흥미로운 기적 이야기

요나서의 줄거리는 주일학교 공과에서나 교회의 성극 프로그램에서도 종종 볼 수 있습니다. 이는 아마 요나서에 재미있고 흥미진진한 이야기가 많이 담겨져 있기 때문일 것입니다. 특히 큰 물고기가 요나를 삼켰다가 토하는 장면이나, 조그만 벌레가 박 넝쿨을 갉아먹어 요나가 화내는 장면은 흥미를 자극하기에 충분합니다. 그래서 '요나서' 하면 이렇게 재미있는 기적 이야기들이 먼저 떠오르는지도 모릅니다. 우리의 메마른 기억을 자극하기에 요나서는 아주 좋은 책입니다.

(2) 진짜 역사인가, 문학적 작품인가?

두 번째는, 이런 재미있는 기적 이야기 때문에 갖게 되는 의문입니다. 어릴 적에는 신기한 기적 이야기가 흥미롭지만, 좀 더 자라면 과연 이런 기적이 과연 현실에서 진짜 일어날 수 있는지 궁금해합니다. 그래서 어떤 사람들은 과연 사람이 실제로 물고기 뱃속에서 사흘 낮과 밤을 살 수 있는지 의문을 갖기도 합니다.[1] 또 어떤 분들은 히브리 선지자 한 사람의 말에 니느웨 성 전체가 들썩였다는 내용이 비현실적이라고 보기도 합니다. 왜냐하면 요나 시대에 이스라엘이 좀 강성해졌다고는 해도, 그 당시 대제국 앗수르의 커다란 성(城) 니느웨 전체가 히브리 선지자 한 사람의 몇 마디를 두려워해서 회개했다는 게 좀 어설퍼 보이기 때문입니다. 물론 이런 내용 모두를 극적인 기적으로 본다면, 요나서가 전하는 메시지의 효과는 더 커질 수 있습니다. 하지만 좀 더 현실에 맞게 생각하려는 사람들은, 요나서 이야기가 실제 일어난 역사 사건이라기보다는 우화나 비유에 가깝다고 보기도 합니다. 그래서 요나서를 잘 짜인 하나의 문학 작품으로 보는 게 낫다고 생각합니다. 마치 우리에게 전해진 전설 같은 이야기를 실제 사건으로 보지 않고, 교훈을 주는 우화나 만들어낸 이야기로 보는 것과 유사합니다. 심청이가 바다에 던져졌으나 결국 연꽃 안에서 나오는 이야기가 우리에게 문학작품으로 남았듯이, 요나서도 그랬을 수 있다는 판단입니

---

1 실제 이런 의심을 현실적으로 보여주는 역사적인 사건이 있었습니다. 선원들을 삼켜 버린 큰 고래를 사흘 만에 잡아 그 배를 갈라보니, 이미 삼켜졌던 사람들은 많이 녹아 버렸고 의식이 없는 상태였다고 합니다. 그래서 이런 사건을 예로 들면서 요나가 큰 물고기 뱃속에서 삼일 동안 있었다는 게 현실적으로는 어렵다고 생각합니다. A. J. Wilson, 'The Sign of the Prophet Jonah', Princeton Theological Review, vol. xxv, p. 636 (G. C. Aalders, The Problem of the Book of Jonah [1948], pp. 3-4에서 재인용).

다. 사실 현대 많은 학자들은 요나서를 역사서로 분류하기보다는 문학서로 분류하기 좋아합니다.

(3) 선교를 권장하는 중요한 책

또 하나의 생각은 선교(宣敎)와 관련된 고민입니다. 요나서는 종종 선교를 강조하는 책으로 알려집니다. 여호와께서 선지자 요나에게 이방 지역인 니느웨에 가서 선교하라고 명령하셨습니다. 하나님께서는 선교에 관심이 많아서 요나에게 선교 사역을 명령하셨을 뿐 아니라, 그 명령을 회피하는 요나를 끈질기게 설득하여 결국 니느웨 선교의 발화점으로 삼으셨다고 이해하는 방식입니다. 신약에서 뿐 아니라 구약에도 선교의 명령이 존재한다는 예로서 요나서를 언급합니다. 종종 선교 대회의 중요한 본문으로 요나서가 사용되기도 합니다. 더구나 니느웨가 이스라엘과 적대국이었던 점을 부각하여, 현재 안 좋은 감정을 가진 국가에도 하나님께서 선교를 원하신다고 도전하는 경우가 종종 있습니다. 한국 사람들에게는 요나서가 일본 선교를 권장하는 책으로 사용되기도 합니다.

(4) 사역자의 내면 묘사

요나서에 나타나는 요나의 갈등을 선교사(사역자)로 부르시는 소명에 대한 망설임이나 부름 받은 선교사(사역자)의 침체로 종종 이해하기도 합니다. 요나서 1장에서 요나가 여호와의 명령을 피해 다시스로 도망간 일이나, 요나서 4장에서 요나가 하나님께 불평하고 있는 모습이 그렇다는 겁니다. 즉, 요나서에 나타난 요나의 모습은, 결국 선교사나 사역자가 사역을 하면서 가지게 되는 내면적인 모습과 갈등을 잘 설명해 준다는 겁니다. 이런 내면적 모습을 보통 '불순종(회피)-회개-선교-침체'라는 네 단계로 설명합니다. 처음에는 요나가 여호와의 말씀을 듣고 불순종하여 도망갔다가(1장), 여호와의 설득으로 요나가 회개합니다(2장). 그래서 요나가 순종하여 니느웨로 가서 선교하였다가(3장), 다시 침체에 빠져 하나님께 볼멘소리를 한다고 봅니다(4장). 이처럼 요나서는 사역자의 내면의 갈등 모습을 잘 설명해 준다고 종종 이해합니다.

2. 의문

그러나 이런 생각과 관점이 요나서를 해석하고 적용하는데 과연 적절한지 다시 생각해 볼 필요가 있습니다.

(1) 기적 자체가 핵심인가?

가장 먼저 기적의 주제를 생각합니다. 요나서에 기적 이야기가 여러 번 등장하고, 또 그것이 요나서를 재미있게 만드는 점은 사실입니다. 이런 기적 이야기 때문에 요나서 내용이 잘 기억된다는 점도 부인할 수 없습니다. 그러나 그 기적이 일어났다는 사실 자체가 요나서가 전하려는 핵심 메시지인지는 의문입니다. 즉, 큰 물고기가 요나를 삼킨 일이나, 물고기 뱃속에서 요나가 죽지 않고 살았다는 점, 그리고 유대 한 선지자의 짧은 선포로 이방 니느웨 성 전체가 돌아섰다는 등의 기적적인 사건들이 요나서가 전하려는 메시지의 본질인가를 고민해야 한다는 말입니다.

언뜻 보면 이런 기적 사건이 요나서의 중요한 메시지인 것처럼 보일지 모르겠습니다. 그래서 그런지 이런 기적 사건을 중심으로 한 설교나 강의를 종종 듣게 됩니다. 하지만 이런 메시지를 우리 삶에 적용할 때는 큰 어려움이 동시에 함께 있음을 알아야 합니다. 우리가 살아가는 삶은 대부분 기적적이기보다는 평범하고 일상적이기 때문입니다. 물에 빠질 때마다 큰 물고기를 통해 구출되지도 않고, 또 한 사람의 짧은 설교를 듣고 악행에 빠졌던 많은 사람이 회개하며 하나님께 돌아오는 일도 쉽게 일어나지 않습니다. 한 사람의 삶이 바뀌는 게 얼마나 어려운지 우리는 잘 압니다. 우리 시대는 기적이 일어날 수 없다고 말하는 게 아닙니다. 하나님께서는 우리 시대에도 우리가 상상하지 못하는 기적을 일으키실 수 있습니다. 다만, 특별하게 일어난 기적 사건 자체가 우리가 따르고 추구해야 할 기본적이고 중심적인 메시지가 되어서는 안 된다는 점을 말하는 겁니다. 바꾸어 말해, 요나서에 나타난 기적 이야기는 요나서가 전하려는 메시지와 교훈을 효과적으로 돕는 요소이지, 그 자체가 목적이자 중심은 아니라는 말입니다. 기적을 통해서 우리가 깨달아야 할 참 교훈을 깨달아야 한다는 뜻입니다.

(2) 참 필요한 논쟁은 무엇인가?

요나서의 역사성에 대한 논쟁도 이와 비슷하게 생각해 볼 수 있습니다. 요나서에 등장하는 사건들이 과연 실제 일어난 일인지, 아니면 단순한 문학적 산물인지를 판단하는 건 중요합니다. 그래서 한편으로는 이런 논의를 적절히 해야 할 필요가 있습니다.[2] 그러나 교회 현장이나 일반 성도에게는 이런 논쟁이 한편 현실과 동떨어진 것처럼 느껴지기도 합니다. 논의가 너무 전문화되거나 또 아주 세밀하고 국부적이 되면, 그것이 과연 현실의 삶과 무슨 관계가 있는가 하는 의문을 갖게 되기 때문입니다. 그래서 일반 성도들은 문학이냐 역사냐 하는 논쟁보다도 요나서가 제시하는 교훈과 참 메시지를 찾는 일에 더욱 관심이 있습니다. 물론 역사냐 문학이냐 라는 판단에 따라 요나서의 메시지와 교훈이 달라질 수도 있습니다. 하지만 역사이든 문학이든 공통적으로 발견할 수 있는 요나서의 메시지와 교훈이 있다는 점도 부인하기 힘듭니다. 그래서 교회 현장과 일반 성도들은 요나서가 의도하고 있는 교훈과 메시지를 찾는 일에 더 많은 노력을 기울이게 됩니다. 역사냐 문학이냐 하는 논쟁을 하더라도, 현학적인 측면으로 끝내기보다는, 요나서의 참 교훈과 메시지를 깨달으려는 방향으로 토론의 고삐를 잡아야 합니다.

(3) 해석과 적용을 구분하기

또 다른 중요한 요소는 요나서를 다룰 때 해석과 적용을 잘 구분하는 일입니다. 요나서가 선교를 장려한다고 보는 시각은 요나서를 '해석'하기보다는 '적용'하는 것입니다. 요나서가 이방인 선교

---

2 사실 이런 논의는 일반 성도들의 몫이라기보다는, 성경을 전문적으로 연구하는 신학자들의 일이라고 볼 수 있습니다.

를 장려한다고 보기에는 어려운 점들이 있습니다. 본문 자체가 이방인 선교라는 관점으로 쓰였다고 보기 힘들 뿐 아니라, 구약의 이스라엘 독자가 요나서를 이방인 선교라는 관점으로 읽었다고 보기도 어렵습니다. 이점은 이 책의 7장에서 좀 더 자세히 살펴 볼 예정입니다. 이 말은 요나서를 선교와 절대로 관련시킬 수 없다는 뜻이 아닙니다. 이방 선교의 메시지가 요나서의 핵심 메시지라고 보기는 힘들어도, 요나서를 적용하는 과정에서 그런 교훈을 생각할 수는 있습니다. 하지만 요나서가 지닌 기본 메시지가 '이방인을 향한 선교'라고 보기에는 어려움이 있다는 말입니다.

(4) 부적절한 관점과 부정확한 읽기 패턴

이와 관련하여 요나서를 사역자/선교사의 내면 갈등의 패턴과 심리 묘사의 시각으로 보는 생각도 논의해야 합니다. 두 가지를 주목할 필요가 있습니다. 첫째는 요나서를 너무 쉽게 개인 심리의 측면으로 바라보는 시각입니다. 요나서에 주로 '요나'라는 개인이 등장하는 것은 사실입니다. 하지만 이점이 곧 요나서를 개인 심리의 관점으로 해석한다는 근거가 된다고 보기는 어렵습니다. 사실 개인 심리의 내면 묘사라는 관점으로 성경을 읽는 것은, (성경이 쓰였던) 고대의 생각이라기보다는 근대 서구 사고방식의 영향일 가능성이 큽니다. 요나가 이스라엘의 선지자로 등장했다는 사실과, 선지자 요나가 살았던 시대적 상황을 같이 고려한다면,[3] 이때의 요

---

3 보통 요나서의 요나가(참조. 욘1:1) 북 이스라엘의 여로보암 왕 II세 때 선지자로서 사역했던 요나(참조. 왕하 14:24-25)라고 보고 있습니다. 물론 요나서에 등장하

나의 갈등을 단순히 한 개인의 문제로만 보는 게 석연치 않다는 사실을 눈치챌 수 있습니다.

또 다른 한 가지의 문제는 요나서를 자주 '불순종(회피)-회개-선교-침체'라는 갈등 패턴으로 읽는 습관입니다. 사실 이런 패러다임(paradigm)이 요나서를 읽는데 결정적인 영향을 주는 걸 부인하기 힘듭니다. 특별히 요나서 2장과 3장을 '회개'와 '선교' 라고 바라보는 시각이 이런 패러다임에서 아주 중요합니다. 그러나 이런 패러다임은 요나서를 이해하는데 커다란 어려움과 문제를 일으킵니다. 이런 어려움이 요나서의 메시지와 교훈을 어느 정도 왜곡시킵니다. 그래서 이 책에서는 요나서를 해석하는 이런 패러다임의 문제를 지적하고, 요나서를 해석하는 새로운 틀을 제공하려 합니다.

3. 이 책의 논지(論旨)와 관심

(1) 요나와 하나님의 평행선

그 새로운 틀은 이것입니다. 요나서의 요나는 시종일관(始終一貫) 하나님과 평행선을 그리고 있다는 것입니다. 이 말은 요나서 2

는 요나가 왕하 14:25에 등장하는 역사적인 요나와 같은 인물이라는 결정적인 증거는 없습니다. 하지만 두 본문(욘 1:1; 왕하 14:25) 모두 요나를 '아밋대의 아들'이라고 언급한 것이나, 왕하 14:25에 나타난 요나가 이스라엘의 영토 확장을 예언했다는 점 등을 고려하면, 요나서의 요나가 왕하 14:25의 선지자 요나와 동일한 인물이라는 판단이 가능합니다.

장과 3장을 '요나의 회개와 선교'로 보기 어렵다는 뜻이기도 합니다. 요나는 처음부터 끝까지 하나님과 대립하고 있습니다. 2장에서 요나가 회개하는 것 같지만, 사실 실제 요나의 마음은 바뀌지 않습니다. 3장에서도 마찬가지입니다. 요나가 훌륭하게 사역하는 것처럼 보이지만, 실제로는 하나님의 마음을 저 깊은 곳에 묻어 둔 채 자신이 바라는 메시지만을 강하게 말하고 있습니다. 요나는 처음부터 하나님의 마음을 따르기 싫어했습니다. 그래서 1장에서는 하나님의 명령을 따르기 싫어 도망갔습니다. 그 마음이 2장, 3장, 4장까지 그대로 유지됩니다. 모양만 조금씩 변모했지, 그 근본 마음이 바뀌지 않았다는 뜻입니다. 요나서가 지속적으로 보여주는 점은 요나의 끊임없는 불순종과 하나님의 끈질긴 설득입니다. 요나의 신학과 하나님의 생각이 대립되고, 요나의 자존심과 하나님의 사랑이 맞부딪칩니다. 이스라엘과 니느웨를 바라보는 요나의 역사관과, 온 세계를 지혜와 긍휼과 사랑으로 이끌어 나가시는 하나님의 역사관이 철저하게 대립되고 있습니다.

이런 내용을 이 책의 2부에서 자세히 밝힙니다. 이런 점을 밝히려면, 특별히 요나서 2장과 3장을 주의 깊게 관찰하고 연구해야 합니다. (물론 1장과 4장도 재검토해야 합니다). 또한 요나서 전체가 어떻게 서로 연결되어 있는가도 다시 연구해야 합니다. 문학적인 기교들도 놓치지 말아야 하고, 각 주제들이 어떻게 연결되고 있는지 특히 요나서가 갖고 있는 문맥 구조가 어떤 것인지를 찬찬히 살펴보아야 합니다.

(2) 요나서의 목적과 메시지

요나와 하나님이 이렇게 시종일관 평행선을 그린다는 시각은, 요나서의 목적과 메시지를 새롭게 생각해 보는 실마리를 제공합니다. 보통은 요나서 2, 3장을 요나의 회개와 선교라고 보았기 때문에, 요나서의 메시지를 이방 지역의 선교나 사역자의 내면 갈등 정도로 판단하기 쉬웠습니다. 요나서 2, 3장에 있는 요나의 모습이 요나서 1, 4장에 있는 요나의 불순종이나 반항과 대비되기 때문입니다. 하지만 처음부터 끝까지 요나가 하나님과 등지고 있다면, 이야기는 달라집니다. 그래서 요나서가 진정으로 의도한 주제와 메시지가 무엇인지 다시 생각해 보아야 하고, 이와 관련하여 요나서를 쓴 목적도 다시 고민해야 합니다. 이 책에서는 요나서의 목적과 메시지에 대한 여러 주장들을 살피면서, 새로운 시각의 조명 아래에서 보다 합당한 답변을 찾습니다. 7장에서 이런 내용을 주로 다룹니다.

(3) 우리를 향한 교훈과 적용

이렇게 새롭게 정리된 요나서의 목적과 메시지를 이해하는 것으로 끝나서는 안 됩니다. 오히려 새롭게 깨닫게 된 내용을 현실의 나와 우리에게 바르게 적용하려는 노력과 안목이 필요합니다. 성경 말씀이 늘 각 시대 마다 살아 움직여야하기 때문입니다. 깨달은 메시지가 우리의 현재 삶에 적절한 도전을 줄 뿐만 아니라, 내 생활에 지침이 되어야 합니다. 말씀은 하나님과 동행하는 삶에 양식이 되기 때문입니다. 그래서 이 책의 맨 마지막에서는(8장) 요나서의 목적과 메시지가 실제 21세기를 살아가는 우리에게 어떤 교훈을 주며, 어떤 행동을 요구하는지 살펴보고자 합니다. 요나의 고민을 통해서 나의 고민을 살피고, 이스라엘의 갈등을 통해서 우리 교회의 문제를 거꾸로 보아야 합니다. 또한 하나님께서 요나를 어떻게 다루셨는가를 보면서, 이 시대 나와 우리를 또한 어떻게 다루시는가도 분명히 깨달아야 합니다. 그래서 요나처럼 끈질기게 하나님과 등지고 살지 말고, 오히려 하나님의 마음과 생각을 마음에 품고 살아야 합니다. 거역하는 사역자가 아니라 순종하는 겸손한 그리스도인이 되어야 합니다.

(4) 거꾸로 읽는 요나서

이 책은 어떤 면에서는 요나서를 읽는 기존의 관점과는 사뭇 다른 시각을 제공합니다. 그 때문에 혹 거부반응이 일어날 수도 있습니다. 그러나 기억해야 할 점은, 기존의 보편적인 시각이 때론 옳지 않을 수도 있다는 사실입니다. 물론 제기된 새로운 이야기가 언제나 맞고 또 그것을 모두 받아들여야 한다는 말은 아닙니다. 오히려 열린 마음을 필요로 한다는 뜻입니다. 진리 추구는 언제나 진리 자체에 열린 마음을 필요로 합니다. 다른 관점으로 바라보았을 때, 여태까지 갖고 있던 기존의 판단이나 체계에 문제가 있다는 점을 깨닫는 경우가 있습니다. 요나서에 대해 필자가 제안하는 내용이 무엇인지 찬찬히 듣고 나면, 요나서 자체를 좀 더 공평한 시각으로 다시 생각해 볼 수 있습니다.

기존 견해와 유사한 부분은 이 책에서 자세히 언급하지 않습니다.[4] 그 보다는 새롭게 보아야 하는 점을 중심으로 글을 전개하고 자 합니다. 이런 접근과 설명은 어떻게 보면 요나서를 거꾸로 보는 방식일지 모릅니다. 요나에 대한 판단도 그렇고, 요나서가 제시하는 메시지와 교훈도 그렇습니다. 이런 점을 설명하는 데, 요나서를 1장부터 읽지 않고 4장부터 거꾸로 읽고자 합니다. 요나서의 패러다임을 판단하는 중요한 실마리가 4장에 있기 때문입니다.

그러면 요나서를 4장부터 거꾸로 읽어봅시다.

---

4 요나서의 전체적인 내용과 해석에 대해서는 다음의 주석서를 참조하시면 좋습니다. Elizabeth Achtemeier, *Minor Prophets I*, NIBC (Peabody: Hendrickson, 1996), pp. 255-284; Jack M. Sasson, *Jonah: A New Translation with Introduction, Commentary, and Interpretation* (New York: Doubleday, 1990); T. Desmond Alexander, *Jonah*, in D. W. Baker, T. D. Alexander, B. K. Waltke, *Obadiah, Jonah and Micah*, TNTC (Leicester: IVP, 1988), pp. 45-131; Douglas Stuart, *Hosea-Jonah*, WBC vol. 31 (Waco: Word, 1987), pp. 423-510; Hans Walter Wolff, *Obadiah and Jonah*, Margaret Kohl (tr.) (Minneapolis: Augsburg Publishing House, 1986), pp. 73-177; Leslie C. Allen, *The Book of Joel, Obadiah, Jonah and Micah*, NICOT (Grand Rapids: Eerdmans, 1976), pp. 173-235.

II부 – 요나와 하나님의 평행선

2장 · 요나의 입장은 무엇이었나? (요나서 4장)

2

이제 2부에서는 요나서를 4장에서부터 1장까지 거꾸로 읽어 나갑니다. 그런데 거꾸로 읽기 전에 요나서를 1장부터 4장까지 먼저 통독하시기 바랍니다. 그래야 이 책을 읽을 때 요나서 전체 내용이 잘 떠오를 겁니다. 통독하신 후 이 책을 이어 읽습니다.

1. 요나서 4장에서 발견되는 문제와 힌트

요나서를 4장부터 거꾸로 읽는 이유는 4장이 이 책의 논제에 아주 중요한 실마리를 제공하기 때문입니다. 다른 각도로 말하면, 4장을 통해 요나서가 가진 관점을 보다 명확하게 파악할 수 있다는 뜻입니다. 그 첫 번째 수순은 4장에 등장하는 몇 가지 어려운 문제를 파악하는 일입니다. 먼저 4:5을 보겠습니다.

요나가 성읍에서 나가서 그 성읍 동쪽에 앉아 거기서 자기를 위하여 초막을 짓고 그 성읍에 무슨 일이 일어나는가를 보려고 그 그늘 아래

에 앉았더라. (욘 4:5)

(1) 요나서 4:5의 문제와 힌트

1) 4:5이 가진 문제들

요나서 4장을 읽다 보면 납득이 잘 가지 않는 몇 가지 점이 등장합니다. 그 중 하나는 4:5의 내용입니다. 4:5이 4장 내용과 잘 어울리지 않아 보이는 면이 있기 때문입니다. 보통 세 가지 면에서 의문이 등장합니다.[1]

① 첫째 의문: 4:5과 4:4과의 관계

첫째는 4:5과 앞의 4:4과의 관계입니다. 4:4에서는 여호와께서 요나에게 '네가 성내는 것이 옳으냐?'라고 질문합니다. 그런데 바로 그 다음 구절인 4:5에는 그에 대한 요나의 답변이 나오지 않고, 그냥 요나가 성읍 밖으로 나가서 자기를 위해 초막을 짓고 성읍이 어떻게 되는가를 보는 내용이 나옵니다. 뭔가 앞뒤가 매끄럽게 연결되지 않습니다. 갑자기 4:5에서 뭔가 내용이 끊긴 것 같습니다.

② 둘째 의문: 4:5에 나타난 요나의 행동

두 번째는 4:5에 있는 요나의 행동에 대한 의문입니다. 4:1-3을 보면 이미 여호와께서 니느웨 성에 재앙을 내리시지 않았다는

---

1 이에 대해서는 다음의 책을 참조하십시오. R. B. Salters, *Jonah & Lamentations* (Sheffield: JSOT Press, 1994), pp. 34-37.

사실을 요나가 알았습니다. 그런데 4:5에 요나가 다시 니느웨 성읍이 어떻게 되는가를 보려 한다는 게 좀 이상합니다. 니느웨 성에 대한 하나님의 결정을 요나가 모르는 것처럼 보이기도 합니다.

물론 하나님의 결정에도 요나가 니느웨 성의 끝이 결국 어떻게 되는가를 끝까지 기다렸다고 생각할 수도 있습니다. 일단 니느웨 성에 재앙이 내리지는 않았다고 해도 니느웨 백성이 다시 타락할 모습을 예견했기에, 그 끝이 어떻게 되나 기다리며 보았다는 겁니다. 그러나 이런 생각에도 어려움은 남습니다. 만일 그렇다면, 4:5에 이어진 본문에 그 이후 니느웨 성의 모습에 대한 내용이 나올 법도 합니다. 그러나 4장 후반부에는 그 후의 니느웨 성에 대해서는 아무런 언급이 없습니다. 4:11에 니느웨 성이 언급되기는 하지만, 그것은 심판을 면제받기 전의 니느웨 성 모습과 관련된 내용 같습니다.

요나가 얼마만큼의 시간을 기다리려고 했을까 하는 점도 고민되는 문제입니다. 니느웨가 다시 악을 저질러 사회가 어지러워지기까지는 어느 정도 시간이 경과해야 된다는 생각이 듭니다. 성(城) 안의 많은 사람들이 회개했을 뿐 아니라, 왕의 개혁 명령과 조서까지 내린 상황이었기 때문입니다. 이런 상황에서 성 전체가 그리 쉽게 악한 모습으로 다시 돌아가기는 쉽지 않아 보입니다.[2] 그런데 4:5에 묘사되는 요나의 모습은 그런 장기전으로 보이지는 않습니다. 초막을 짓고 기다리는 장면은 짧은 기간을 염두에 둔 듯합니

---

2 물론 '회개가 급속히 이루어진 만큼 타락도 빨리 이루어질 수 있다'라고 생각할 수
   도 있습니다.

다. 그늘 아래 앉아 성을 바라본다는 묘사도 뭔가 짧은 시간 안에 무슨 일이 일어나기를 기다리는 모습인 듯합니다. 즉, 4:5의 전체적인 분위기로 본다면, 4:5은 니느웨 성에 대한 여호와의 판단이 알려지기 전의 요나를 그리고 있는 것 같다는 말입니다.

③ 셋째 의문: 초막과 박 넝쿨의 관계

마지막으로 독자의 시선을 끄는 점은 요나가 지은 초막과 하나님이 준비하신 박 넝쿨과의 관계입니다. 4:5에 보면 요나가 지은 초막이 그늘을 만든 것처럼 묘사되는데, 4:6 이후에 보면 마치 하나님께서 박 넝쿨을 만드셔서 그늘이 진 것처럼 되어 있습니다. 그뿐 아니라 4:6 이후에는 초막에 대한 언급이 더 이상 등장하지도 않습니다. 그래서 4:5의 내용은 요나서 4:6 이후의 설명과 좀 걸맞지 않아 보이는 면이 있습니다. 물론 요나가 만든 초막에 하나님께서 박 넝쿨이 자라게 하셨다고 볼 수 있습니다. 가능한 답변입니다. 그러나 문제는 그렇다면 왜 4:6 이후에 초막에 대한 언급이 전혀 등장하지 않느냐는 것입니다. 예를 들어 '초막에 있던 박 넝쿨이 다 시들어 버렸다.'라는 식의 말을 할 법도 한데, '초막'이란 단어는 4:5 이후에 다시 나오지 않는다는 데 의문이 있는 겁니다.

2) 제시된 다양한 답변들

① [제안 1] 문법적 해결: 4:5의 동사는 과거분사(pluperfect)의 의미

이런 문제들 때문에 여러 가지 답변이 제시됩니다.[3] 그 중에 보편적인 제안은 4:5에 나타나는 동사들이 과거 분사(pluperfect)라는 판단에 근거하여 문제를 해결하려는 시도입니다.[4] 4:5의 내용이 4:1-4 뒤에 쓰였지만, 실제는 그 이전에 일어난 사건이라고 보는 입장입니다. 요나가 니느웨 성을 나가 성 동편에 초막을 치고 성읍이 어떻게 되는가를 바라본 사건은 (즉, 4:5의 사건은) 실제 3:4에서 요나가 니느웨 성에 메시지를 전한 직후라고 보는 겁니다. 결국 4:5이 4장에 있기는 해도 실제 그 시간적인 위치는 3:4과 3:5 사이라는 주장인 셈입니다. 이런 견해는 중세 시대의 유대인 주석가 Kimchi와 Ibn Ezra에게서 (심지어는 초대 교회의 주석가에게서도) 찾아 볼 수 있을 뿐 아니라[5] 현대의 학자들에게서도 나타납니다.[6]

---

3 이런 문제와 답변을 자세하게 살피는 연구는 이 책의 의도와 분량을 벗어납니다. 이에 대한 보다 자세한 설명에 대해서는 다음을 참조하십시오. Sasson, *Jonah*, pp. 287-89; Salters, *Jonah*, pp. 34-37; Allen, *Jonah*, p. 231, n. 16.

4 우리말에는 과거 분사를 나타낼 마땅한 방법이 없기 때문에 번역하기 어렵습니다. 굳이 번역을 하자면 '요나가 성에서 나갔었고, 그 성 동편에 앉았었다.'라는 식으로 표현할 수 있겠습니다.

5 이에 대해서는 다음을 참조하십시오. Allen, *Jonah*, p. 231, n. 16; Salters, *Jonah*, pp. 34-35.

6 예를 들면, Lohfink, Wolff, Cohn, Stuart 등이 그렇습니다. 이런 견해를 위해서는 다음을 참조하십시오. Allen, *Jonah*, p. 231, n. 16; Stuart, *Jonah*, p. 504.

② [제안 2] 4:5의 위치 변경: 필사자의 실수

생각할 수 있는 또 하나의 답변은, 아예 4:5이 원래 3:4과 3:5절 사이에 있었다고 보는 견해입니다. 즉 성경의 원본에는 4:5의 내용이 3장에 (즉 요나가 니느웨 성에 메시지를 전하고 난 다음의 행동으로) 기록되어 있었는데, 성경을 베끼어 쓰던 필사자의 실수로 인해 (혹은 어떤 의도로 인해) 현재 4:5의 위치로 들어왔다는 것입니다. 앞의 문법적인 해결책만으로는 만족하기 힘들기 때문에, 원래는 4:5이 아예 3장에 있었다고 생각하는 겁니다.

③ [제안 3] 4:5은 요나서 4장과 잘 어울린다.

세 번째 생각은 그냥 4:5이 시간 순서나 위치 면에서 4장에 있는 것이 옳다고 보는 견해입니다. 앞에서 제시한 난점들이 어느 정도 문제가 되기는 하지만, 그래도 답변이 가능하다고 보는 겁니다. 니느웨 백성이 회개하기는 했어도 요나 자신은 그들이 쉽게 다시 잘못되리라 예상했기에, 보따리를 싸서 성 동편에 가서 그 결말을 지켜보려 했다는 생각입니다. 요나는 니느웨가 망해야 한다는 자신의 생각을 끝까지 고수했기에, 하나님의 결정이 분명해진 후에도 자신의 생각대로 되는지 끝까지 고집을 피웠다고 보는 견해입니다.

3) 4:5이 새 논점에 제공하는 힌트

이런 각 견해의 장단점을 모두 다 설명하려면 보다 많은 시간과 지면이 필요합니다. 그래서 여기서는 이 책의 논제와 관련된 부분만 간단히 언급합니다.

① 힌트 1: 4:5은 원래 4장에 있다고 보는 게 낫다.

첫째로 중요한 점은 4:5이 원래부터 4장의 그 자리에 있었다고 보는 게 더 낫다는 점입니다. 4:5을 3장의 자리에 넣은 사본이 실제로는 발견되지 않기 때문입니다.[7]

② 힌트 2: 4:5은 4장의 문학적 구조와 잘 어울린다.

한 가지 더 고려해야 하는 사실은 4:5이 4장 전체의 문학 구조와 잘 어울린다는 점입니다. 4:4에 있는 하나님의 질문에 요나의 답변이 없고 오히려 요나의 행동이 나타나는 점이 어색하다고 앞에서 말했습니다. 그러나 이런 특이점은 4장의 끝이 동일하게 하나님의 질문으로 끝나고 있다는 사실을 상기하면 그다지 이상하지 않게 보입니다. 아래와 같은 문학 구조로 요나서 4장을 볼 수 있습니다.

---

7 참조. Salters, *Jonah*, p. 36. 좀 더 극단적으로 생각해서, 원래 원본에는 요나서 4:5이 요나서 3장에 있었는데 아예 필사 초기부터 잘못 기록하여 우리가 갖고 있는 사본들 전체가 다 요나서 4장에 기록하였다고 말하는 것은 좀 지나친 견해입니다. 또한 만일 이것이 필사자들의 일관된 실수였다면, 요나서 4:5이 요나서 4장과 관련하여 생기는 (앞에서 제시했던) 다른 어려움을 필사자들이 모두 간과했다는 것도 이 견해를 취하기 어려운 이유 중 하나입니다. 그래서 결국 제시된 두 번째 답변은 적당치 않다고 보는 게 낫습니다.

1. 요나의 불평과 여호와의 질문 (4:1-4)

  (1) 요나의 불평: 니느웨에 재앙이 내리지 않음에 대해 (4:1-3)

  (2) 여호와의 답변: 너의 성냄이 어찌 합당하냐? (4:4)

2. 요나의 불평과 여호와의 질문 (4:5-11)

  (1) 요나의 불평: 박 넝쿨이 시들어짐에 대해 (4:5-9)

  (2) 여호와의 답변: 아끼는 것이 어찌 합당치 아니하냐? (4:10-11)

도식 2.1. 욘 4:1-4과 4:5-11의 대비

이 구조에서 보는 것처럼 요나서 4장은 문학적으로는 크게 두 개의 문단으로 나누어질 수 있고, 그 각 문단은 하나님의 질문으로 끝납니다. 그리고 그 질문에 대해서는 별다른 답변이 주어지지 않습니다. 또한 각 문단 끝에 (즉, 4:4과 4:11에) 하나님의 질문이 '합당함'의 주제로 반복됩니다. 그래서 4:4이 4:11과 의도적으로 유사하게 꾸며졌다고 생각할 수 있습니다. 그렇다면 4:5이 4:4과 동떨어져 보인다고 해도, 그런 점이 굳이 문제가 되지 않을 수 있습니다. (앞에서 생각했던 첫 번째 문제가 해결되는 겁니다.) 오히려 문학 구조 측면에서 더 자연스럽다고 볼 수 있습니다. 즉, 요나서 4장의 문학 구조를 잘 이해하면, 첫 번째 의문이 해결됩니다.

③ 힌트 3: 4:5은 하나님에 대한 요나의 적극적 반대를 묘사한다.

그러나 아직도 두 번째 의문(4:5에 나타난 요나의 행동)과 세 번째 궁금증(초막과 박 넝쿨과의 관계)은 남아 있습니다. 이 의문들을 해결하려면 요나서 저자가 요나서 4장에 4:5의 내용을 넣은 의도가 무엇인지를 명확히 이해할 필요가 있습니다.

4:5에서 등장하는 요나의 마음은 어떠했을까요? 4:1-5을 다시한 번 읽는 게 좋습니다.

> 요나가 매우 싫어하고 성내며 여호와께 기도하여 이르되, "여호와여, 내가 고국에 있을 때에 이러하겠다고 말씀하지 아니하였나이까? 그러므로 내가 빨리 다시스로 도망하였사오니, 주께서는 은혜로우시며 자비로우시며 노하기를 더디 하시며 인애가 크시사 뜻을 돌이켜 재앙을 내리지 아니하시는 하나님이신 줄을 내가 알았음이니이다. 여호와여, 원하건대 이제 내 생명을 거두어 가소서! 사는 것보다 죽는 것이 내게 나음이니이다." 하니 (욘 4:1-3)

니느웨 성에 대한 여호와의 결정은 이미 났습니다. 하지만 요나는 심히 싫어할 뿐 아니라 아예 노해서 여호와께 대항합니다(참조. 욘 4:1). 말은 기도이지만, 하나님을 대항하는 기도입니다. 그러나 그에 대해 여호와는 찬찬히 그러나 분명히 지적하십니다.

> 여호와께서 이르시되, "네가 성내는 것이 옳으냐?" 하시니라 (욘 4:4)

이런 하나님의 분명한 지적과 설득이 있는데도 요나는 거침없이 자기 생각을 바꾸지 않습니다. 그렇게 자기 생각을 바꾸지 않는다는 점을 아주 분명히 드러내려고 저자는 요나의 행동을 그려 놓습

니다. 요나의 행동을 묘사하여 요나가 얼마나 하나님과 정 반대의
입장에 있는지를 보입니다. 다시 4:5을 읽습니다.

> 요나가 성읍에서 나가서 그 성읍 동쪽에 앉아 거기서 자기를 위하여
> 초막을 짓고 그 성읍에 무슨 일이 일어나는가를 보려고 그 그늘 아래
> 에 앉았더라. (욘 4:5)

그러니까 4:5을 넣은 저자의 근본 의도는 요나의 생각이 하나님
과 다를 뿐 아니라 요나가 정면으로 하나님을 대항하고 있다는 사
실을 보이는 것입니다. 4장 전체는 이런 요나의 근본 생각과 마음
을 가장 적나라하게 표출하고 있습니다. 이 점이 요나서 전체 해
석에 아주 중요합니다.

그러면 이런 판단이 어떻게 앞에서 지녔던 (두 번째와 세 번째)
의문들과 또 앞에서 제시된 (첫 번째와 세 번째) 제안들과 어떻게
연결되는지를 생각해 보아야합니다. 4:5이 시간적으로 과연 요나
서 3장의 사건과 연결되었는지 (즉, 요나가 니느웨 성에 메시지를
전한 후의 요나의 행동을 묘사한 것인지), 아니면 요나서 4장과 연
결되었는지를 (요나가 하나님과 한판 싸움을 하고 난 후인지를) 판
단하는 게 중요합니다. 만일 4:5의 동사가 '과거 분사'의 의미를
가지고 있다면 그 사건은 3장과 연결되고, 만일 아니라면 4장과
연결되게 됩니다. 실제 이에 대한 명확한 판단은 쉽지 않습니다.
본문에 나타난 증거만으로는 어느 게 보다 적절한 답인지 판단하
기가 어렵습니다. 두 가지 견해가 모두 가능한 답변입니다. 그렇기

에 이 두 가지 견해를 모두 생각해 보는 게 좋습니다.

i) 하나님과 한판 싸움을 한 후 나타난 행동

먼저 4:5이 4:1-4 이후의 일이라고 생각해 보겠습니다. 이런 견해가 가질 수 있는 문제는 앞에서 설명했었습니다. 이미 요나가 하나님의 결정을 아는데(욘 4:1-3), 초막을 짓고 기다렸다는 게(욘 4:5) 이상하다고 했습니다. 또 4:5의 요나 모습이 장기적인 결과를 기다리기보다는 즉각적인 판단을 기다리는 것 같다고 했습니다. 그래서 요나의 이런 행동이 이미 회개와 개혁이 진행되고 있었던 니느웨의 상황과 잘 맞아떨어지지 않습니다.

그런데 거꾸로 바로 이런 점이 4:5을 보다 극적으로 만들어 준다고 볼 수도 있습니다. 실제 현실적으로는 앞뒤가 맞지 않는데도, 요나는 그런 이해 안가는 행동을 취했습니다. 이미 하나님의 결정도 알고, 니느웨 성이 그렇게 단시일 내에 다시 타락할 것 같지 않은데도, 요나는 자기 생각대로 행동합니다. 다시 말해, 현실과도 다르고 상식과도 다른 이 행동이, 요나가 하나님께 반항하고 있다는 사실을 보다 더 부각시켜줍니다. 이런 점에서 4:5이 하나님에 대한 요나의 반항을 극명하게 보여준다고 볼 수 있습니다. (이런 해석이 앞에서 제기된 두 번째 의문을 해결할 수 있습니다.)

초막이란 말이 4:6 이후에 등장하지 않는 현상도 비슷하게 생각해 볼 수 있습니다. 초막을 짓는 행위는 요나가 자신의 생각을 끝까지 주장할 때 나타난 모습이었습니다. 그런데 그런 요나를 반대하고 설득하시려고 하나님께서 행동하십니다. 박 넝쿨을 만들고,

벌레를 준비하며, 뜨거운 동풍을 보내십니다. 요나서 4장 후반부에서 이렇게 요나의 반항적인 행동과 하나님의 설득적인 행동이 대비되고 있기에, 하나님의 설득을 기록하는 본문에 (즉, 4:6-9에) 요나가 만든 '초막'이란 단어가 등장하지 않는다고 볼 수 있습니다. 요나가 초막을 만들기는 했지만, 그 속에 박 넝쿨을 있게 하신 분은 하나님이었다고 말합니다. 그래서 단어가 바뀌고 대비가 됩니다. 이런 단어의 대비는 결국 요나의 반항과 하나님의 설득을 대조합니다. (이렇게 되면 제시된 세 번째 의문까지 해결됩니다.)

이와 같이 하나님을 대적하는 요나의 분명한 행동을 기록하려는 의도로 4:5이 기록되었다면, 4:5이 4:1-4이후에 일어난 행동이라고 보더라도 큰 어려움은 없게 됩니다.

ii) 니느웨 성에 메시지를 전한 후에 나타난 행동

그런데 마찬가지로 4:5에 나타난 요나의 행동이 니느웨 성에 메시지를 전한 직후의 행동이라고 생각해도 큰 무리가 없을 수 있습니다.[8] 요나가 니느웨 성의 서쪽으로 들어가서 메시지를 전했고, 그 성을 가로질러 동편 쪽으로 나왔다고 볼 수 있습니다. 그래서 거기서 초막을 짓고 니느웨 성이 어떻게 되는가 보았다고 생각하는 게 더 타당성이 있을 수 있습니다.[9]

---

8 실제 요나서에서는 이렇게 과거 분사의 의미로 이해하는 것이 좋아 보이는 구절들이 여러 개 있습니다. 1:17(히브리 성경으로는 2:1): 2:2; 3:6등이 그렇습니다. 참조. Salters, *Jonah*, pp. 36-37.

9 참조. Stuart, *Jonah*, p. 504.

그런데 이런 견해에 중요한 점이 숨어 있습니다. 만일 실제 4:5의 내용이 시간적으로 요나서 3장과 관련되었다면 (즉, 요나가 니느웨 성에 메시지를 전하자마자 성 동편에 나아가 초막을 짓고 니느웨 성이 어떻게 되나 바라보았다면), 왜 저자가 그것을 3장에 넣지 않고 (즉, 요나가 메시지를 전했다고 기록한 3:4 이후에 넣지 않고) 요나서 4장에 넣었는가 하는 점입니다. 이 이유를 밝혀야 요나서 3장과 4장을 보다 더 잘 이해할 수 있게 됩니다. 이를 위해선 요나서 4장이 전체적으로 무엇을 말하고 있는 장(章)인지를 다시 확인해야 합니다. 4장은 요나가 하나님을 향해 극단적으로 반항하는 모습을 묘사하는 장(章)입니다. 이것은 4장 전체의 문맥을 볼 때 분명합니다.[10] 바로 그런 문맥의 중간에, 요나가 성읍 밖에 나가 그 성을 바라보았다는 과거의 사건을 집어넣습니다. 그러니까 4장 전체 문맥이 자연스레 설명하는 바에 의하면, 4:5에 나타난 요나의 이 행동은 (즉, 메시지를 전한 후 성 밖에 나와 그 성이 어떻게 되는가를 바라보았다는 행동은) 요나가 하나님의 생각과는 달리 그냥 니느웨가 망하기를 바랐다는 마음을 명확히 반증합니다.

그렇다면 무엇입니까? 이미 요나는 니느웨 성에 메시지를 전하고 난 직후에도 (하나님의 결정이 있기 전에도) 성을 나와 성 동편에 초막을 짓고 그 니느웨 성이 망하기를 바라면서 기다렸다는 말이 됩니다. 실제 요나는 하나님처럼 니느웨 사람들의 회개에 관심

---

10 예를 들어, 이미 앞에서 언급한 대로 요나의 초막과 하나님의 박 넝쿨은 대조됩니다. 초막은 하나님께 반항하는 요나의 행동을 지칭하는 용도로 사용되고, 박 넝쿨은 하나님의 설득을 간접적으로 시사하는 교보재로 언급됩니다.

이 있기보다는, 그들이 멸망했으면 하는 마음을 가지고 있었습니다. 니느웨 사람들에게 메시지를 전하고 나서도 그들이 진정으로 그 메시지를 듣고 회개하기를 원하기보다는, 니느웨 백성들이 하나님의 심판을 받아 멸망하기를 원했습니다. 그래서 자신은 그 성을 나왔고, 그 성이 어떻게 멸망하는가를 지켜보았습니다.

여기에 중요한 힌트가 있습니다. 실제 요나서 3장에 나타난 요나의 마음은 하나님의 마음과 생각을 따라 멋지게 선교한 게 아니라는 사실입니다. 요나는 니느웨 성에 가서 메시지를 전할 때도 하나님의 마음을 따라서 하지 않았고, 자기가 원하는 말을 전했습니다. (이 부분은 다음 장에서 더 자세히 보겠습니다.) 그런데도 니느웨 백성은 하나님의 경고를 받아 회개하고 돌아섰습니다. 바로 그 점을 요나가 싫어했습니다. 그러니까 4:5이 요나서 3장과 시간적으로 연결된다는 말은, 3장에 있는 요나의 실제 마음이 하나님을 따른 게 아님을 시사(示唆)합니다. 즉, 요나가 하나님과 계속 등지고 있다는 필자의 원래 논점을 4:5이 간접적으로 밝혀 주고 있습니다.

좀 더 확대해 봅시다. 만일 그렇다면, 왜 요나서 저자는 3장에서 이 점을 분명히 밝히지 않았을까요? 다시 말해서 4:5의 내용을 왜 3장에 넣지 않았냐는 말입니다. 이것은 요나서 전체 문맥을 잘 이해해야 풀리는 문제입니다. 하지만 간단히 그 요지만 먼저 밝힙니다. (자세한 내용은 이 책의 6장을 참고하시기 바랍니다.) 요나서 4장은 요나의 마음과 생각을 아주 극명하게 잘 노출시킨 장(章)입니다. 이런 점에서 4장은 요나서 전체의 클라이맥스가 될 뿐 아니라, 요나서의 참 메시지를 발견할 수 있는 아주 중요한 장입니다. 그에 비해 요나서 3장은 하나님을 거역하는 요나의 마음과 생각이 은근히 감추어져 있는 장입니다. 요나서 2장도 마찬가지입니다. 요나가 실제로는 하나님의 생각과 마음을 따르고 있지 않지만, 언뜻 보면 하나님을 따르는 것처럼 보입니다. 즉 요나는 시종일관 하나님과 등지고 있지만 요나서 저자는 그런 요나의 불순종을 2, 3장에서는 간접적으로 표현하고 있습니다. 바로 이런 이유 때문에 요나의 불순종이 극명하게 드러나는 요나의 행동을 (성 동편에서 초막을 짓고 니느웨 성이 어떻게 되나 바라 본 행동을) 3장에 넣기보다는 4장에 넣었을 수 있습니다. 요나의 불순종을 3장에서는 은근하게 간접적으로, 4장에서는 아주 적나라하게 직접적으로 묘사하려 했기 때문입니다. 이에 대한 자세한 내용은 계속 이어지는 장에서 설명하겠습니다. 다만 여기서 중요한 점은 4:5을 과거 분사의 의미로 읽는 것도, 결국 필자의 논점에 (즉, 3장의 요나가 하나님의 뜻을 따라 메시지를 전한 게 아니라 아직도 하나님과 등지고 있다는 생각에) 중요한 증거가 된다는 사실입니다.

(2) 요나서 4장 종결의 특이함

1) 종결의 특이성에 대한 질문들

요나서 4장에서 물어야 하는 또 다른 중요한 질문은 요나서가 끝나는 모습입니다. 끝나는 모습이 좀 이상하기 때문입니다. 이 의문은 세부적인 여러 개의 질문과 연결되어 있습니다.

① 왜 해피엔딩(Happy ending)이 아닌가?

첫 번째는 왜 요나서가 좋게 끝나지 않느냐는 의문입니다. 요나서는 소위 해피엔딩(Happy ending)이 아닙니다. 쉽게 생각하면 요나서가 3장 내용의 결말로 끝나면 좋을 것 같습니다. 요나가 2장에서 회개도 했고, 또 3장에서는 선교도 했습니다. 그 결과로 3장 끝에는 니느웨 성 사람들이 회개하는 좋은 결과가 나왔습니다. 그래서 바로 그 지점에서 요나서가 종결되면 좋을 것 같은데, 이상하게 요나가 하나님께 볼멘소리 하는 요나서 4장 내용이 추가된 채 끝이 납니다. 그뿐 아닙니다. 4장의 분위기도 좀 이상합니다. 뭔가 말을 맺는 분위기라기보다는 뭔가를 새롭게 시작하는 느낌이 들기도 합니다. 갈등이 다시 등장하기 때문입니다. 통상적인 이야기의 전개 방식인 '기승전결(起承轉結)'의 구조나 '도입–갈등–해결'이란 흐름과 잘 맞지 않습니다.

② 왜 '니느웨의 회복'이 아니라 '요나의 반항'으로 끝이 나는가?

이것을 조금 다른 각도로 말할 수 있습니다. 만일 이방 선교가 요나서의 초점이라면, 요나서가 (4장에 있는) 요나의 반항으로 끝나기보다 (3장에서 있는) 니느웨의 회복과 회개로 끝나는게 좀 더 어울립니다. 그런데 이상하게도 요나서는 니느웨의 좋은 결과로 끝나지 않고, 반항하는 요나로 끝이 납니다. 요나의 가장 안 좋은 모습을 묘사하고 지적하면서 글이 종결됩니다. 요나서 1장부터 4장까지 나타난 요나의 모습 중에 가장 안 좋은 경우가 바로 4장의 요나 모습입니다. 그렇다면 왜 그런 모습을 드러내면서 요나서가 종결되고 있을까요? 이점이 요나서를 푸는 중요한 열쇠이자 풀어야 할 숙제입니다.

③ 맨 마지막은 왜 하나님의 질문으로 끝이 나는가?

그 뿐만이 아닙니다. 요나서의 마지막 절이 하나님의 질문으로 끝나는 점도 뭔가를 생각하게 합니다. 요나서 4장이 반항하는 요나를 보여주는 건 사실이지만, 요나서의 맨 끝은 요나의 반항으로 끝나지 않고 그런 요나에 대한 하나님의 질문으로 종결됩니다. 앞에서 거론한 질문들도 논의에 중요하지만, 이 마지막 의문도 중요한 힌트가 될 수 있습니다.

2) 요나서를 바라보는 몇 가지 지침

이런 여러 의문은 요나서를 바라보는 몇 가지 지침을 생각하게 합니다.

첫째, 니느웨 선교 자체가 요나서의 궁극적 초점이 아닐 수 있다는 점입니다. 만일 니느웨 선교가 (또는 이방인 선교가) 가장 중요한 초점이었다면, 요나서가 현재 4장의 형태로 끝나지는 않았을 것입니다. 이 점은 요나서의 메시지와 주제를 다루는데 중요한 관점을 시사해 줍니다. 요나서가 단순히 선교를 주장하는 책이라고 보기 힘든 이유 중 하나가 여기에 있습니다.

둘째, 선교사나 사역자가 빠진 슬럼프의 문제를 요나서가 다루고 있다고 보는 시각에도 어려움이 있습니다. 요나서의 클라이맥스인 마지막 장(章)은 요나가 하나님을 반항하는 모습으로 끝이 나기 때문입니다. 만일 사역자가 겪는 여러 가지 상황과 슬럼프의 극복을 묘사하기 위해서 요나서가 쓰였다면, 그 사역자가 대판 하나님과 싸우는 모양으로 글이 마무리되는 건 좀 이상합니다. 관계가 좀 더 안정되고 문제가 해결되는 쪽으로 마무리되는 게 적절해 보이기 때문입니다.

셋째는, 요나서의 메시지와 목적에 대한 고민입니다. 요나서 4장에 등장하는 하나님의 질문은 요나서의 메시지와 목적을 찾는 데 도움이 됩니다. 4장에서는 지속적으로 하나님께서 요나에게 질문하는 내용이 나옵니다(4:4; 9; 10-11). 그 질문에는 성냄과 합당함 등의 주제가 일관되게 흐릅니다. 게다가 맨 마지막 구절이 하나님의 긴 질문으로 끝이 납니다. 이런 점들은 맨 마지막 하나님의 질문이 요나서 전체의 주제/메시지와 관련될 것이란 점을 추측하게 합니다.

2. 요나서 4장이 함의하는 '해석의 실마리'

앞의 내용을 잠시 정리하는 게 다음의 논의에 도움이 됩니다. 요나서 4장을 읽으면 몇 가지 의문이 등장합니다. 그 하나는 4:5을 어떻게 이해하느냐 하는 문제였습니다. 이에 대한 여러 견해가 있지만, 중요한 점은 4:5이 요나가 여호와의 판단에 강하게 반항하는 모습을 표현한다는 겁니다. 이런 관점에서 보면, 4:5은 그다지 문제가 되지 않습니다. 또 만일 4:5의 사건이 시간적으로 요나서

3장과 연결된 내용이라면 (즉, 요나가 니느웨 성에 메시지를 전하고 나서 성읍 밖으로 나가 니느웨가 망하는가를 주목했다면), 그런 사실 자체가 필자의 논지를 지지해준다고 말했습니다. 결국, 3장의 요나는 니느웨 백성에게 메시지를 전했지만 사실은 하나님의 마음을 따른 게 아니었습니다.

요나서 4장에서 또 하나 중요한 점은 요나서가 종결되는 모습입니다. 4장의 내용으로 요나서가 끝나는 모습은, 요나서가 단순히 이방인 선교나 사역자의 내면 갈등에 초점을 둔 게 아니라는 사실을 결국 반증합니다. 오히려 4장에 등장하는 하나님의 질문이 요나서의 메시지와 목적, 그리고 요나서 전체를 해석하는 데 중요한 지침이 되어야 한다고 설명했습니다.

그렇다면 이제 이 책의 논제를 (즉, 과연 요나가 회개했는지 안 했는지를) 풀 실마리를 찾을 때입니다. 핵심은 요나의 기본 생각과 마음을 확인하는 일입니다. 요나의 마음이 어떤지를 보여주는 구절이 요나서 4장에 있습니다. 4:1-3입니다.

요나가 매우 싫어하고 성내며 여호와께 기도하여 이르되, "여호와여, 내가 고국에 있을 때에 이러하겠다고 말씀하지 아니하였나이까? 그러므로 내가 빨리 다시스로 도망하였사오니, 주께서는 은혜로우시며 자비로우시며 노하기를 더디 하시며 인애가 크시사 뜻을 돌이켜 재앙을 내리지 아니하시는 하나님이신 줄을 내가 알았음이니이다. 여호와여, 원하건대 이제 내 생명을 거두어 가소서! 사는 것보다 죽는 것이 내게 나음이니이다." 하니 (욘 4:1-3)

(1) 4:2에 있는 해석의 실마리: 요나의 생각은 하나님의 마음과 다르다

하나님의 판단을 싫어한 요나

니느웨 성에 대한 요나의 생각과 하나님을 향한 요나의 태도를 4:5에서 볼 수 있다고 했습니다. 요나는 니느웨 백성에게 재앙이 내리기를 바라고 있습니다. 그런 요나의 생각과 마음이 4:5에서 행동으로 표현된다고 했습니다. 그러나 실제 이런 요나의 생각과 마음이 보다 분명하고 장황하게 표현된 곳은 4:1-3입니다.

처음부터 하나님의 판단을 싫어했음 (요나서 4:1-3)

보통 4:1-3의 내용을 선지자 요나가 선교를 한 후 침체에 빠지는 과정 정도로 생각합니다. 요나의 불평 어린 기도가 요나 선지자의 근본 문제가 아니라, 사역을 하다 보면 누구나 한두 번 빠지게 되는 슬럼프라는 겁니다. 그러나 이런 생각은 4:1-3의 내용을 찬찬히 읽지 못했다는 평가를 피하기 힘듭니다. 4:2을 다시 찬찬히 읽어 봅니다.

> "여호와여, 내가 고국에 있을 때에 이러하겠다고 말씀하지 아니하였나이까? 그러므로 내가 빨리 다시스로 도망하였사오니, 주께서는 은혜로우시며 자비로우시며 노하기를 더디 하시며 인애가 크시사 뜻을 돌이켜 재앙을 내리지 아니하시는 하나님이신 줄을 내가 알았음이니이다." (욘 4:2)

요나가 이런 생각을 한 것은 선교 사역을 한 후 침체에 빠져서가 아닙니다. 처음에 하나님의 말씀을 들었을 때부터 이런 생각을 했습니다. 하나님의 명령을 들었을 때 그 의견에 반대했기에 빨리 다시스로 도망하였습니다(참조. 1:3). 더구나, 도망간 이유가 하나님께서 니느웨 성에 재앙을 내리시지 않을 것이라고 예상했기 때문입니다. 그는 덧붙여 자신의 그런 생각을 이미 하나님께 말씀 드렸다고 말합니다. 이 구절은 4장에 나타난 요나의 마음과 1장에 등장하는 요나의 생각이 그다지 다르지 않음을 보여줍니다. 1장에서는 하나님의 명령이 싫어서 도망갔지만, 4장에서는 오히려 그게 싫어서 하나님에 대항하여 한판 싸움을 하고 있습니다. 그렇기 때문에 4장의 요나 모습을 단순한 침체 정도로 보기 힘듭니다. 오히려 쌓여가던 요나의 불순종과 감정이 감추어져 있다가 폭발하는 모습입니다.

어떤 분은 이렇게 말할지도 모릅니다. "4장과 1장의 요나 생각이 비슷한 점은 인정한다. 하지만 요나서 2장과 3장은 다르다. 요나가 1장에서는 도망갔지만, 하나님의 설득으로 결국 2장에서 회개를 하고, 또 3장에서는 그 부르심에 따라 바르게 선교를 한다. 그런데 선교를 하다 보니까 다시 옛날 자신의 잘못된 마음으로 되돌아 간 거다." 즉, 1장과 4장의 요나가 비슷한 점은 인정하지만, 2장과 3장의 요나는 분명히 '회개와 선교'를 한 모습이라는 겁니다.

이렇게 주장하면 논의는 이제 더 좁혀집니다. 3장과 2장의 요나가 과연 하나님의 마음과 생각을 잘 따랐는가를 확인하면 됩니다. 물론 앞에서 4:5이 가진 문제를 언급하면서 이와 관련된 힌트 한 가지를 이미 언급했습니다. 하지만 보다 자세한 논의는 3장과 2장을 다룰 때 하는 게 좋겠습니다.

그런데 요나서 3장을 다루기 전에, 4:1-3에 나타난 요나의 마음과 생각의 구체적 모습을 분명히 하는 게 좋겠습니다. 하나님의 판단과 요나의 생각이 구체적으로 어떻게 다른지를 알아야, 요나서 3장과 2장의 논의가 더 명확해지기 때문입니다.

(2) 요나는 무엇을 싫어했는가?

요나와 하나님이 부딪힌다는 점은 분명하다.

4:1-3에는 요나의 생각이 하나님의 마음과 달랐다는 점이 분명히 나타납니다. 니느웨 성에 재앙을 내리시지 않은 하나님의 결정에(참조. 3:10) '요나가 매우 싫어하고 성냈다'고 표현한 게 그 일차적인 증거입니다.

> 요나가 매우 싫어하고 성내며[11] 여호와께 기도하여 이르되, "여호와여, 내가 고국에 있을 때에 이러하겠다고 말씀하지 아니하였나이까? 그러므로 내가 빨리 다시스로 도망하였사오니, 주께서는 은혜로우시며 자비로우시며 노하기를 더디 하시며 인애가 크시사 뜻을 돌이켜 재앙을 내리지 아니하시는 하나님이신 줄을 내가 알았음이니이다." (욘 4:1-2)

---

11 밑줄은 필자가 넣은 것입니다. 이후에도 인용한 성경 본문을 강조하려 할 때, 밑줄을 사용합니다.

요나가 기도할 때 자신의 생각과 행동을 '주'의 판단과 행하심과 대비시킨 점을 보면, 이런 사실을 쉽게 알 수 있습니다. 더구나 요나의 성내는 기도에 대한 여호와의 대답은 요나와 하나님이 평행선을 그으며 달린다는 점을 분명히 보여줍니다.

> 여호와께서 이르시되, "네가 성내는 것이 옳으냐?" 하시니라 (욘 4:4)

요나가 진정으로 싫어한 것은 무엇인가?

그렇다면 요나가 어떤 이유에서, 또 어떤 점에서 하나님과 평행선을 달리고 있었을까요? 요나가 진정으로 하나님의 생각과 달랐던 게 무엇일까요? 요나가 하나님의 명령을 싫어했던 이유를 정확히 알아야 문제가 해결되기 때문입니다.

① 하나님의 뜻이 번복되는 게 싫어서

여러 답변이 가능합니다. 첫째는 하나님이 뜻을 돌이키신다는 사실 자체를 요나가 싫어했다는 견해입니다. 요나는 하나님의 말씀이 번복되는 것을 반대했다는 말입니다. 번복하게 되면, 하나님의 말씀에 신뢰가 떨어지고 결국 하나님을 신뢰하는 데 문제가 된다는 겁니다. 요나는 그런 점을 싫어했기에 화를 냈다는 생각입니다.

그러나 이런 견해는 1장에 나타난 요나의 행동 자체를 놓고 볼 때 받아들이기 힘듭니다. 만일 요나가 하나님의 결정을 그렇게 중요시했고 의미 있는 것으로 생각했다면, 자기에게 향한 하나님의 명령이 번복되는 것도 또한 싫어해야 하기 때문입니다. 1장에서 요나가 도망간 행동은 결국 하나님의 말씀과 결정이 번복되도록 만드는 일이기 때문입니다. 그래서 보다 더 적합한 이유를 찾아야 합니다.

② 거짓 선지자로 남는 게 싫어서

두 번째 가능성은 요나의 심리와 참 선지자의 조건이란 측면을 고려하는 견해입니다. 요나는 자신이 전했던 메시지가 성취되지 않는 게 싫었다고 보는 입장입니다. 그랬기 때문에 여호와께서 자신에게 주신 메시지대로 니느웨 성이 무너지기를 바랐다는 겁니다. 단순히 요나의 자긍심 때문만이 아닙니다. 참 선지자는 종종 그 메시지의 실현여부로 결정 나기 때문이기도 합니다. (실제 칼빈도 이런 종류의 견해를 가졌습니다).[12] 이런 생각은 유대인들에게 낯선 게 아니었습니다. 신명기 18:21-22은 이런 생각을 잘 보여줍니다.

> "네가 마음속으로 이르기를, '그 말이 여호와께서 이르신 말씀인지 우리가 어떻게 알리요?' 하리라. 만일 선지자가 있어 여호와의 이름으로 말한 일에 증험도 없고 성취함도 없으면 이는 여호와께서 말씀하신 것이 아니요, 그 선지자가 제 마음대로 한 말이니 너는 그를 두려워하지 말지니라." (신 18:21-22)

---

12 칼빈의 이런 생각은, Salters(*Jonah*, pp. 53, 55-56)에 따르면, G. I. Emmerson 같은 현대 학자에게도 이어집니다.

선지자라는 사람의 말이 실제 이루어지지 않으면, 그 말은 하나님으로부터 나온 말씀이 아니니 두려워하지 말라는 내용입니다. 이스라엘에게 있어 참 선지자를 구별하는 중요한 판단 기준 중의 하나가 이런 것이었다면, 앞의 주장에 어느 정도의 타당성은 있을 수 있습니다. 즉, 요나는 자신이 참 선지자가 되려 했기에 자신이 전했던 메시지가 실현되기를 바랐다는 말입니다.

하지만 이런 견해에도 문제는 있습니다. 만일 요나가 자신이 참 선지자가 되는 걸 바랐다면, 1장에서 여호와의 명령을 거부하고 도망간 게 잘 납득이 되지 않습니다. 참 선지자가 되려고 하나님의 명령을 거부했다는 게 말이 잘 안되기 때문입니다. 요나가 처음에는 여호와의 명령을 잘 순종해서 가서 메시지를 전했는데, 자신이 전한 대로 되지 않아서 4장에서 불평했다면 어느 정도 납득은 갑니다. 하지만 처음 1장에서부터 하나님의 명령을 싫어했다고 말하고 있기에, 이 주장도 설득력이 떨어집니다. 그래서 신명기 18:21-22 뿐 아니라 예레미야 18:7-8도 함께 생각해 볼 필요가 있습니다. 여기서는 하나님께서 어떤 민족에게 재앙을 선언하신 다음이라도 그 민족이 악에서 돌이킨다면, 그 재앙을 돌이키시겠다고 말하고 있습니다.[13]

---

13 이렇게 서로 대립되는 성경 본문과 시각들 때문에, 요나서가 예언에 대한 두 가지 전통 사이의 갈등을 소개하고 있다고 보는 견해가 있을 수 있습니다. 이런 논쟁은 좀 더 전문적이기에 여기서 자세히 다루지는 않습니다. 이런 견해를 이해하려면 다음을 참조하세요. A. Rofé, *Classes in the Prophetical Stories: Didactic Legenda and Parable, VTS 26* (1974), pp. 143-164 (Alexander, *Jonah*, TNTC, p. 84에서 재인용).

"내가 어느 민족이나 국가를 뽑거나 부수거나 멸하려 할 때에, 만일 내가 말한 그 민족이 그의 악에서 돌이키면 내가 그에게 내리기로 생각하였던 재앙에 대하여 뜻을 돌이키겠고" (렘 18:7-8)

③ 이방 선교를 싫어해서

이렇게 되면 요나가 결국 싫어한 이유가 결국 하나님이 요나에게 전했던 메시지의 내용이나 메시지를 전하는 대상과 관련된다고 생각하게 됩니다. 이스라엘 선지자인 요나가 받아들이기 쉽지 않은 걸 하나님께서 명령하셨기에 요나가 거부했다는 겁니다. 요나가 싫어한 게 이방 선교였다는 가능성입니다. 요나에게 주신 하나님의 명령이 이방인을 향한 것이었기에 이스라엘의 선지자인 요나는 못마땅했다는 겁니다. 그래서 처음에 명령을 들었을 때에도 도망갔고, 또한 나중에 이방인에게 하나님의 자비(慈悲)가 나타났을 때도 반항적인 행동을 보였다는 겁니다. 요나의 하나님은 이스라엘의 하나님이었다고 보는 견해입니다.

이 주장이 한편으로는 타당해 보입니다. 1장과 4장에 나타난 요나의 생각과 행동을 어느 정도 잘 설명해 주기 때문입니다. 하지만 받아들이기 어려운 점들도 있습니다. 일차적 어려움은 요나서의 요나가 하나님을 창조주로 묘사하는 말에서 발견할 수 있습니다. 요나가 여호와의 낯을 피해서 다시스로 도망간 사실을 생각하면(참조. 1:3), 혹시 요나가 하나님을 이스라엘 지역에 국한된 하나님으로 인식하지 않았을까 하는 의구심을 갖게 됩니다. 하지만 나중에 폭풍 때문에 요나가 선원들에게 추궁을 받을 때 하는 말은 좀 다릅니다. 요나는 하나님이 (이방 지역을 포함한) 온 천하를 지으시고 주관하시는 분이라고 생각합니다.

> "그[요나가]¹⁴ 가 대답하되, '나는 히브리 사람이요, 바다와 육지를 지
> 으신 하늘의 하나님 여호와를 경외하는 자로라' 하고" (욘 1:9)

> "그가 대답하되, '나를 들어 바다에 던지라. 그리하면 바다가 너희를
> 위하여 잔잔하리라. 너희가 이 큰 폭풍을 만난 것이 나 때문인 줄을
> 내가 아노라!' 하니라." (욘 1:12)

이런 점 때문에 하나님의 자비가 이방인에게 제한되어야 한다
고 요나가 생각했다고 보기는 좀 어렵습니다. 요나가 이방 선원들
에게 그렇게 적대감을 가진 것처럼 보이지 않는 점도 생각해 보아
야 합니다. 오히려 폭풍으로 배가 전복의 위기에 이르자 이방인들
은 살리고 자신이 물속에 빠지려 하는 행동을 한 것을 보면, 이방
인 자체에 무조건 안 좋은 감정을 가졌다고 보기는 어렵습니다.¹⁵
또한 요나가 다시스 쪽으로 가는 것도 문제입니다. 다시스가 어느
곳인지를 분명히 말하는 건 쉽지 않지만, 대체적으로 스페인 남쪽
지역일 것으로 추정합니다.¹⁶ 그렇다면 요나는 니느웨와 반대 방

---

14 [ ] 안은 필자가 넣은 것입니다. 이후에도 인용한 성경본문의 의미를 정확히 하
려할 때, 이런 방식을 사용합니다.

15 물론 요나의 이런 행동이 과연 어떤 의미를 지니는지는 이 책의 5장에서 다시 살
펴보겠습니다.

16 보통 두 가지 견해가 있습니다. ① 창 10:1-32의 기록과 연관하여 지중해 동쪽에
있는 도시라고 생각하는 견해. ② 스페인 남쪽의 Tartessos라고 보는 견해 (참조. 시

향으로 도망간 셈이 됩니다. 요나가 이방인을 배척했기에 오히려 또 다른 이방인 지역으로 도망가려 했다는 게 잘 납득이 안갑니다. 이방인 전체를 배척했다면, 이스라엘 지역에 남아 있는 게 오히려 더 적절한 선택입니다. 요나가 다시스 쪽으로 도망갔다는 사실은 요나가 이방인 전체를 배척했다고 보는 견해와 잘 어울리지 않습니다.

④ 니느웨 성의 멸망을 바랐기 때문에

그런데 바로 이점이 또 다른 가능성을 시사해 줍니다. 요나가 싫어한 건 이방인들 자체가 아니라 특별히 니느웨 성에 가서 메시지를 전하는 것이란 견해입니다. 요나가 니느웨 성읍과 반대 방향인 다시스로 도망갔다는 사실에 힌트가 있습니다. 1장에서 요나는 니느웨 성에 가 메시지를 전하라는 여호와의 명령을 싫어했습니다. 또한 4:5에서는 그 니느웨 '성읍'이 망하기를 바라는 마음을 노출했습니다. 4장 끝은 니느웨 성을 아끼는 하나님의 마음을 언급하며 요나가 니느웨 성의 멸망을 바라는 마음을 지적합니다. 요나는 니느웨 성이 멸망하기를 바랐기에 그 성에 재앙이 내리지 않은 걸 싫어했습니다. 처음에 다시스로 도망간 이유도 자신의 사역으로 혹시 니느웨 성에 재앙이 내리지 않게 될까를 우려해서였습니다. 요나의 다시스 행은 니느웨가 그냥 멸망했으면 하는 마음을 다분히 반영했던 행동입니다. 4:1-3의 내용이 이런 요나의 생각과 마

72:10; 사 66:19). 학자들은 주로 후자를 더 선호합니다. 이에 대해서는 Alexsander, *Jonah*, pp. 99-100을 참조하시기 바랍니다.

음을 잘 표현합니다. 다시 한 번 이 구절을 읽어봅니다.

> 요나가 매우 싫어하고 성내며 여호와께 기도하여 이르되, "여호와여, 내가 고국에 있을 때에 이러하겠다고 말씀하지 아니하였나이까? 그러므로 내가 빨리 다시스로 도망하였사오니, 주께서는 은혜로우시며 자비로우시며 노하기를 더디 하시며 인애가 크시사 뜻을 돌이켜 재앙을 내리지 아니하시는 하나님이신 줄을 내가 알았음이니이다. 여호와여, 원하건대 이제 내 생명을 거두어 가소서! 사는 것보다 죽는 것이 내게 나음이니이다." 하니 (욘 4:1-3)

그렇다면 요나가 왜 니느웨 성이 멸망하기를 바랐을까요? 왜 요나는 니느웨 성의 회복을 반대했을까요? 이것이 요나서의 핵심 메시지와 목적을 이해하는 데 매우 중요합니다.[17] 이점을 이해하려면 요나서 전체에 나타난 요나의 모습이 어떠했는지를 먼저 따져봐야 합니다. 요나가 과연 하나님과 어떤 관계를 계속 맺고 있었는지가 논의에 중요하다는 말입니다. 특별히 요나서 2장과 3장에 묘사된 요나가 과연 어떤 모습인지를 잘 살펴야 합니다. 이 책의 논지는 요나가 처음부터 끝까지 하나님과 등지고 있었다는 겁니다. 요나의 생각과 하나님의 생각이 계속 평행선을 그린다는 말입니다. 그래서 4장에 나타난 요나의 생각이 (즉, 니느웨 성이 망하기를 바라는 마음이) 과연 2장과 3장에서 바뀌는지 안 바뀌는지를 확인하는 게 중요합니다. 이런 판단이 요나서 2장과 3장에 등장하

---

17 이 점은 이 책의 7장에서 좀 더 자세히 다루어질 것입니다.

는 요나의 모습을 바르게 평가하게 해줄 것입니다.

3장 · 자기 생각을 고수하는 요나 (요나서 3장)

1. 요나의 멋있는 선교 사역?

2. 요나의 마음이 바뀌지 않았다는 증거
   (1) 요나가 전한 메시지의 내용
     1) 요나의 메시지가 짧게 나온 점
     2) 하나님의 메시지와 마음: 심판 선언으로 성읍의 회개를 바라심°
     3) 요나의 마음과 메시지: 니느웨의 멸망을 바라고 선언함
   (2) 요나가 메시지를 전하는 태도
     1) 성의 크기 논쟁
     2) 메시지를 전하는 요나의 불성실한 태도
     3) 요나의 메시지가 짧은 이유
   (3) 왕의 태도와 말

3. 정리

3

요나서 4장을 통해서 요나의 근본 마음이 무엇이었는지 살폈습니다. 니느웨 성이 멸망하기를 바라는 마음이었습니다. 하나님은 니느웨 성의 회개와 회복을 원하셨던 반면, 요나는 니느웨 성이 멸망하기를 바랐습니다. 이런 요나의 생각이 요나서 2장과 3장에서 바뀌었는지 안 바뀌었는지가 중요합니다. 만일 2장과 3장에 나타난 요나의 생각이 4장에 묘사된 것과 동일하다면, 요나는 지속적으로 하나님과 등지고 있다고 판명나기 때문입니다. 그래서 논의에 중요한 점은 니느웨 성이 망하기를 바랐던 요나의 마음이 2장과 3장에서도 계속되고 있는지 아닌지를 살펴보는 일입니다. 요나서 3장부터 생각해 보겠습니다.

1. 요나의 멋있는 선교 사역?

요나서 3장에 대한 보통의 해석은, 요나가 니느웨 성에 가서 하나님의 마음을 따라 메시지를 전했다는 것입니다. 3장을 요나의 멋있는 선교 사역이라고 보는 겁니다. 요나가 처음에는 하나님의 명령을 피해 도망갔지만, 하나님께서 자신의 도망을 막으신다는 사실을 경험한 후에는 하나님께 순종했다는 겁니다. 물고기 뱃속에서 나오는 기적적인 경험을 기초로 해서 요나가 성공적으로 니느웨 선교 사역을 했다고 봅니다. 요나는 '여호와의 말씀대로 일어나서 니느웨로' 갔고(3:3a), 거기서 하나님께서 자신에게 명령하신 메시지를 전했다는 겁니다(3:4).

> 요나가 여호와의 말씀대로 일어나서 니느웨로 가니라. (욘 3:3a)

> 요나가 그 성읍에 들어가서 하루 동안 다니며 외쳐 이르되, "사십 일이 지나면 니느웨가 무너지리라." 하였더니 (욘 3:4)

2. 요나의 마음이 바뀌지 않았다는 증거

그러나 이런 식으로 요나서 3장을 읽는 게 과연 마땅한지 다시 생각해 보아야 합니다. 왜냐하면 요나가 처음에 가진 자신의 마음을 바꾸지 않았다는 증거가 있기 때문입니다. 요나가 니느웨 성에 전한 메시지의 내용 뿐 아니라, 그 메시지를 전하는 요나의 태도에도 그 증거가 발견됩니다. 니느웨 왕이 하는 말에서도 간접 증거를 엿볼 수 있습니다.

(1) 요나가 전한 메시지의 내용

먼저 요나가 전한 메시지의 내용부터 살핍니다. 보통 어떤 사람의 마음이나 생각을 알려면 그 사람이 하는 말을 잘 들어보면 됩니다. 마찬가지로 요나의 마음과 생각이 과연 하나님의 마음과 같았는지를 알려면, 요나가 니느웨 백성에게 전한 메시지 내용을 잘 살펴보는 게 우선입니다.

1) 요나의 메시지가 짧게 나온 점

그런데 이를 판단하는데 어려운 면이 있습니다. 실제 3장에는 요나가 전한 메시지가 많이 나타나지 않기 때문입니다. 단지 한 개의 문장뿐이고, 히브리어로는 5개의 단어뿐입니다.

"사십 일이 지나면, 니느웨가 무너지리라." (욘3:4b)

그런데 어쩌면 이런 간단하고 함축적인 표현이 오히려 요나의 메시지 내용과 요나의 마음을 잘 보여주는지도 모릅니다. 3장에 요나의 말은 아주 조금인 반면, 그 메시지를 간접적으로 전해 들었던 니느웨 왕의 말은 거꾸로 많습니다. 이런 사실이 무언(無言)의 힌트가 됩니다. 이점은 조금 뒤에 가서 더 살피겠습니다.

2) 하나님의 메시지와 마음: 심판 선언으로 성읍의 회개를 바라심

3:1-2과 1:1-2의 비교

요나가 전한 메시지의 성격을 판단하려면, 먼저 하나님께서 요나에게 주신 메시지의 내용을 헤아려 보는 게 필요합니다. 하나님께서 전하라고 하신 대로 요나가 전했다면, 요나는 하나님의 마음을 따라 사역한 셈입니다. 하지만 하나님이 명령하거나 의도하신 대로 메시지를 전하지 않았다면, 요나는 하나님의 마음을 따라 행동한 게 아닐 수 있습니다. 물고기 뱃속에서 나온 요나에게 하나님께서 하신 말씀은 3:1-2에 있습니다.

> 여호와의 말씀이 두 번째로 요나에게 임하니라. 이르시되, "일어나
> 저 큰 성읍 니느웨로 가서 내가 네게 명한 바를 그들에게 선포하라."
> 하신지라 (욘 3:1-2)

요나에게 임한 여호와의 말씀은 두 가지로 요약됩니다. 첫째는 '일어나서 저 큰 성읍 니느웨로 가라'는 것이고, 둘째는 '내가 네게 명한 바를 그들에게 선포하라'는 것입니다. 여기에 모호한 점이 있습니다. 3장에는 요나가 니느웨 백성에게 전해야 하는 메시지 내용이 구체적으로 등장하지 않기 때문입니다. 그냥 이전에 요나에게 명하신 내용을 선포하라는 겁니다. 하나님께서 요나에게 주신 메시지가 무엇인지를 확인하려면, 이전에 요나에게 하신 말씀을 다시 찾아 봐야 합니다. 이전에 하신 말씀은 1:1-2에 있습니다.

여호와의 말씀이 아밋대의 아들 요나에게 임하니라. 이르시되, "너는 일어나 저 큰 성읍 니느웨로 가서 그것을 향하여 외치라. 그 악독이 내 앞에 상달되었음이니라." 하시니라 (욘 1:1-2)

그런데 여기에도 문제가 있습니다. 여기에도 전해야 하는 메시지의 내용이 구체적으로 나와 있지 않기 때문입니다. 1:1-2의 내용은 3:1-2의 내용과 구조적으로나 내용 면에서 매우 유사합니다. '여호와의 말씀이 요나에게 임했다'는 내용과 '일어나 저 큰 성읍 니느웨로 가라'는 말이 공통으로 반복됩니다. 뭔가 새로운 정보가 뚜렷하게 보이지 않습니다. 3:1-2과 가장 크게 다른 점은 '그 악독이 내 앞에 상달되었음이니라'(1:2b)라는 부분입니다. 그런데 이는 전해야 하는 직접적인 메시지 내용이라고 보기 어렵습니다. 왜냐하면 이 문장 앞에는 히브리어로 '키'(כִּי) 라는 단어가 있는데, 이것을 '왜냐하면(because)'이라고 번역하는 게 더 낫기 때문입니다.[1] '니느웨 성의 악한 모습이 여호와 앞에 상달되었기 때문에, 요나 네가 가서 그 성을 향해 외치라'라는 말입니다.

그렇다면 니느웨 성에 전해야 할 하나님의 메시지가 무엇인지를 찾는 게 어려워집니다. 니느웨에 전해야 하는 내용이 구체적으로 기록되어 있지 않습니다. 결국, 1:1-2과 3:1-2을 통해서는 여

---

1 보통 히브리어 '키'(כִּי)는 ① 명사절을 이끄는 영어의 'that'이나, ② 부사절을 이끄는 영어의 'because'라는 뜻을 지닙니다. 그런데 보통 이 단어가 직접화법과 같이 사용될 때는 that의 의미라고 볼 수 없다는 연구가 있습니다. 이 부분에 대해서는 다음의 논문을 참조하시기 바랍니다. A. Schoors, 'The Particle kî', *OTS* 21 (1981), pp. 240-276 (Alexander, *Jonah*, pp. 98-99에서 재인용).

호와께서 전하라고 명령하신 내용이 무엇인지 분명히 알기 어렵다고 말할 수 있습니다. 그래서 여러 다른 자료를 가지고 역추적을 해야 합니다.

여호와 하나님의 마음: 회개를 원하시기에 성읍의 심판을 선언하심

그 역추적의 첫 번째는 1:2b를 자세히 살피는 겁니다.

"그 악독이 내 앞에 상달되었음이니라." (욘 1:2b)

앞에서 말했듯이 이 구절은 요나가 전해야 하는 메시지의 내용이라고 보기는 힘듭니다. 하지만 이 문장으로부터 하나님께서 요나를 보내려고 하시는 마음을 읽을 수는 있습니다. 여호와께서는 그 큰 성읍 니느웨가 악해진 모습을 안타까워하십니다. 그래서 그곳에 이스라엘의 선지자 요나를 보내고자 하십니다. 그런데 왜 굳이 요나를 그곳에 보내려 하느냐가 관건입니다. 다시 말해, 하나님께서 요나를 니느웨 성에 보내려는 게 니느웨 성을 멸망하려는 건지, 아니면 그들이 회개하고 돌아오기를 바란 건지 분명히 밝혀야 한다는 말입니다. 3:10을 보면 하나님께서 니느웨 성에 재앙을 내리는 걸 생각하셨고, 또 그런 결정을 요나에게 전달한 것 같은 인상을 받을 수 있습니다.[2] 하나님께서 뜻을 돌이키셨다고 했고, 또

---

2 Allen은 니느웨 성에 보냄을 받은 요나가 소돔과 고모라에 멸망을 선언하기 위해 내려온 두 천사와 비교될 수 있다고 말합니다. 요나서 저자가 소돔과 고모라 사건을 은연중에 상기시키고 있다는 말입니다(참조. 창세기 18-19장. 특히 19:13. Allen, *Jonah*, p. 176). 그러나 요나서와 창세기 18-19장을 직접 연결시키는 것에는 어려

말씀하신 재앙을 내리지 않으셨다고 기록되어 있기 때문입니다.

> 하나님이 그들이 행한 것 곧 그 악한 길에서 돌이켜 떠난 것을 보시
> 고, 하나님이 뜻을 돌이키사 그들에게 내리리라고 말씀하신 재앙을
> 내리지 아니하시니라. (욘 3:10)

그래서 요나를 보내신 목적이 니느웨 성의 멸망을 선언하려는 것이라고 볼 수도 있습니다. 하지만 멸망 선언이 여호와의 궁극적 의도인지는 다시 생각해 보아야 합니다. 요나에게 전하신 메시지에 니느웨 성의 멸망에 대한 내용이 들어 있었다고는 볼 수 있지만, 그것이 곧 요나를 보낸 목적과 동일하다고 말하기 힘들다는 말입니다. 하나님께서 니느웨 성을 멸하기로 하셨다면, 그냥 멸망시키면 그만입니다. 마치 창세기 18-19장에 나오는 두 천사를 통해 그 성 사람들에게는 성의 멸망을 구체적으로 말하지 않으신 것처럼 말입니다. (창세기에는 성의 멸망에 대해서는 롯의 가족들에게만 말한 것으로 기록되어 있습니다).

그런데 3:10을 좀 더 생각해 보면 요나를 보내신 하나님의 목적을 가늠할 수 있습니다. 니느웨 백성들이 악한 길에서 돌이키자 하나님께서 그 재앙을 거두셨기 때문입니다. 그러니까 요나를 보내서 메시지를 전하시는 궁극적 의도는, 그들을 그냥 멸망하고자 한

움이 있습니다. 요나의 역할과 두 천사의 역할이 다를 뿐 아니라, 그 각 본문이 갖는 메시지도 사뭇 다르기 때문입니다(참조. Alexander, *Jonah*, p. 99). 예를 들어, 이 두 천사는 소돔과 고모라에 가서 성의 백성들에게 메시지를 전하지 않았습니다. 구원의 메시지가 롯의 가족들에게만 전달되고 있습니다.

게 아니라 그들을 회복시키려는 것이란 뜻입니다. 이런 하나님의
의도가 3:10 바로 다음에 나오는 요나의 불평 어린 기도에 거꾸로
반영되어 있습니다.

> 요나가 매우 싫어하고 성내며 여호와께 기도하여 이르되, "여호와여,
> 내가 고국에 있을 때에 이러하겠다고 말씀하지 아니하였나이까? 그
> 러므로 내가 빨리 다시스로 도망하였사오니, 주께서는 은혜로우시며
> 자비로우시며 노하기를 더디 하시며 인애가 크시사 뜻을 돌이켜 재앙
> 을 내리지 아니하시는 하나님이신 줄을 내가 알았음이니이다. 여호와
> 여, 원하건대 이제 내 생명을 거두어 가소서! 사는 것보다 죽는 것이
> 내게 나음이니이다." 하니 (욘 4:1-3)

   하나님께서 재앙을 돌이키실 줄 요나가 미리 알았다는 겁니다.
요나는 하나님께서 자신에게 메시지를 전하라고 한 의도를 알았습
니다. 하나님은 심판의 메시지가 전달되어, 니느웨 백성이 회개하
고 돌아오기를 바라셨습니다. 그런데 요나는 그런 하나님의 마음
과 생각이 싫었습니다. 그래서 다시스로 도망갔습니다. 4:10-11에
는 이런 하나님의 의도와 마음이 더 분명히 표현되어 있었습니다.

> 여호와께서 이르시되, "네가 수고도 아니하였고 재배도 아니하였고 하
> 룻밤에 났다가 하룻밤에 말라 버린 이 박넝쿨을 아꼈거든, 하물며 이 큰
> 성읍 니느웨에는 좌우를 분변하지 못하는 자가 십이만여 명이요 가축도
> 많이 있나니 내가 어찌 아끼지 아니하겠느냐?" 하시니라 (욘 4:10-11)

그러므로 요나를 니느웨 성에 보내려는 하나님의 의도와 마음은 니느웨 백성이 그 악을 떠나 하나님 앞으로 돌아오는 것입니다. 그들의 회개를 원하셨기에, 멸망의 선언을 전달하라고 하신 겁니다. 악을 미워하시고 니느웨 백성의 회복을 원하셨기 때문에 니느웨에 가서 멸망을 선언하라고 지시하신 겁니다. 겉으로 보면 멸망을 선언하신 것 같지만, 그것은 회복과 회개를 의도하신 겁니다. 하나님의 이런 마음과 의도는 다른 선지자들을 통해서도 확인됩니다.

여호와의 말씀에 "너희는 이제라도 금식하고 울며 애통하고 마음을 다하여 내게로 돌아오라." 하셨나니, 너희는 옷을 찢지 말고 마음을 찢고 너희 하나님 여호와께로 돌아올지어다. 그는 은혜로우시며 자비로우시며 노하기를 더디 하시며, 인애가 크시사 뜻을 돌이켜 재앙을 내리지 아니하시나니, 주께서 혹시 마음과 뜻을 돌이키시고 그 뒤에 복을 내리사 너희 하나님 여호와께 소제와 전제를 드리게 하지 아니하실는지 누가 알겠느냐? (욜 2:12-14)

"내가 어느 민족이나 국가를 뽑거나 부수거나 멸하려 할 때에, 만일 내가 말한 그 민족이 그의 악에서 돌이키면 내가 그에게 내리기로 생각하였던 재앙에 대하여 뜻을 돌이키겠고" (렘 18:7-8)

그러므로 중요한 점은 이런 하나님의 의도를 (즉, 멸망 선언을 통해서 회복을 기대하신 마음을) 과연 요나가 잘 따르며 순종했는가를 확인하는 겁니다. 그래서 이런 시각으로 다시 요나서 3:1-2

을 읽을 필요가 있습니다.

3) 요나의 마음과 메시지: 니느웨의 멸망을 바라고 선언함

요나의 반응은 순종인가 불순종인가?

> 여호와의 말씀이 두 번째로 요나에게 임하니라. 이르시되, "일어나
> 저 큰 성읍 니느웨로 가서 내가 네게 명한 바를 그들에게 선포하라."
> 하신지라 (욘 3:1-2)

여호와께서 '내가 네게 명한 바'라고 한 것은 결국 앞에서 논의
한 대로 하나님께서 가지고 계셨던 '회개를 위한 심판'의 메시지라
고 이해할 수 있습니다. 그런데 그에 대한 요나의 반응은 어떻습니
까? 하나님의 마음을 따라 그대로 심판과 회복의 메시지를 전했습
니까? 보통 이 판단에서 쉽게 처리하는 부분이 3:3a입니다. 요나
가 하나님의 말씀대로 순종했다고 언급한 구절입니다.

> 요나가 여호와의 말씀대로 일어나서 니느웨로 가니라. (욘 3:3a)

여호와의 두 번째 명령 후 곧 바로 이런 구절이 이어졌기에, 쉽
게 요나가 여호와께서 명한 바를 니느웨 성에 잘 선포했다고 생각
합니다. 요나가 하나님의 마음으로 니느웨 성에 메시지를 전했고,
그래서 기적적인 결과를 얻었다는 겁니다.

그러나 바로 여기에 함정이 있습니다. 앞의 생각은 보통 우리가 들어왔던 선교사나 사역자의 감동적인 이야기를 이 요나서 3장에 덧붙여서 읽은 것입니다. 실제 요나서 본문을 찬찬히 살피면, 우리가 쉽게 넘겨짚어서 요나서를 읽어 왔다는 사실을 발견할 수 있습니다. 3:3은 요나가 여호와의 말씀과 마음을 따라 니느웨 성에 메시지를 잘 전했다는 내용이 아닙니다. '요나가 여호와의 말씀대로' 행한 것은 '요나가 메시지를 바르게 전했다'는 말이 아니라, 요나가 '일어나서 니느웨로 갔다'는 겁니다. 물고기 뱃속에서 나온 요나에게 여호와께서 주신 명령은 두 가지였습니다. 첫째는 '니느웨로 가라는 것'이었고(3:2a), 둘째는 '가서 명한 바대로 전하라는 것'이었습니다(3:2b). 그런데 3:3a에서 말하는 점은 요나가 그 첫 번째 항목에 순종했다는 겁니다. 말씀대로 일어나서 니느웨에 갔다는 말입니다. 이 점을 분명히 이해하는 게 중요합니다.

이와 관련하여 또 하나 중요한 점은, 요나가 두 번째 항목에 순종했다는 내용이 3:3a에 이어 곧바로 나오지 않는다는 사실입니다. 쉽게 생각하면 3:2에서 하나님의 두 가지 명령이 (즉, ① 일어나 가라 ② 선포하라) 나오고, 이어진 3:3에 그 두 가지 명령에 대한 요나의 반응이 나오면 적절할 것 같습니다. 그런데 3:3a에는 그 명령의 첫 번째 항목에 (즉, ① '일어나 가라'는 것에) 순종한 내용은 나오지만, 이어서 두 번째 항목에 대해서는 (즉, ② '내가 네게 명한 바를 그들에게 선포하라'는 것에 대해서는) 즉각적으로 설명되지 않습니다. 두 번째 항목에 대한 요나의 반응은 다음 절(3:4)에 가서야 구체적으로 등장합니다. 그러니까 명령의 첫 번째 항목과 두 번째 항목에 대한 요나의 반응을 설명하는 사이에 3:3b의 내용이 들어 있다는 점을 주목해야 합니다. 갑자기 니느웨 성의 크기를 설명하는 구절이(3:3b) 왜 나타났는지를 이해해야 한다는 말입니다.[3]

> 니느웨는 사흘 동안 걸을 만큼 하나님 앞에 큰 성읍이더라. (욘 3:3b, 개역개정)

> 니느웨는 극히 큰 성읍이므로 삼일 길이라. (욘 3:3b, 개역한글)

왜 이런 말이 있는가를 깨달으려면, 3:2-4의 흐름을 이해해야 합니다. 이를 보다 자세히 살피기 전에, 요나가 전한 메시지 내용과 그 메시지를 전하는 요나의 마음이 어떤 것이었는지를 먼저 간단히 살펴보겠습니다.

요나의 마음: 회개를 원치 않기에 심판만 선언함
요나가 니느웨 성에 전한 메시지는 3장에서 아주 짧게 기록되

---

3 물론 니느웨로 갔다는 말이 바로 앞에 있기에, 이어 니느웨 성을 묘사하는 게 자연스러울 수 있습니다. 하지만 이런 설명만으로 욘 3:3b이 삽입된 이유를 다 설명하는 데에는 한계가 있습니다. 요나서 전체에 반복하여 흐르는 패턴 중의 하나가 하나님의 행동과 요나의 행동의 대비인데, 이런 대비 각도에서 이 구절이 설명되어야 할 필요가 있습니다. 예를 들어 1:1-2은 하나님의 명령과 지시이고, 1:3은 그에 대한 요나의 반응입니다. 이와 유사하게 3:1-2에도 하나님의 명령과 지시가 등장하고, 그에 대한 요나의 반응이 3:3-4에 나타난다고 보는 게 자연스럽습니다. 그런데 요나의 반응을 설명하는 중간에 니느웨 성의 묘사가 나타나기 때문에, 이런 묘사가 등장하는 이유를 더 생각할 필요가 있습니다.

어 있습니다. 그런데 이 짧은 메시지가 담고 있는 내용이 무엇인지를 살펴야 합니다.

"사십 일이 지나면, 니느웨가 무너지리라." (욘 3:4b)

분명하게, 메시지의 내용은 니느웨 성의 멸망 선언입니다.[4] 요나는 니느웨 성의 멸망만을 선언했습니다. 하나님의 궁극적인 의도는 니느웨 성의 회복이라고 했습니다. 재앙을 선언하시지만 궁극적으로는 니느웨 성이 악에서 떠나기를 바라셨습니다. 만일 요나가 여호와의 마음을 따라 메시지를 전하려 했다면, 멸망 선언과 함께 회개를 촉구했어야 합니다. 그래야 요나가 하나님의 마음을 따라 사역을 했다고 말할 수 있습니다. 그런데 3:4b에 등장하는 요나의 메시지에는 그런 부분이 나타나지 않습니다. 회개 요구가 없습니다. 멸망 선언은 아주 분명하지만, 회개를 촉구하는 내용은 없습니다. 냉정한 어투입니다.

이런 어투에 나타난 요나의 마음은 무엇입니까? 하나님의 의도

---

4 '무너지리라'라는 단어에 해당되는 히브리어는 '하파크'(הָפַךְ)입니다. 이 단어는 '멸망하다'는 뜻으로 사용되기도 했지만 (예를 들어, 창 29:25에 소돔과 고모라의 멸망에 대해서 이 단어가 사용되었습니다.), '변화되다'(transform)는 뜻으로도 사용 되었습니다(예컨대, 렘 13:23). 하지만 이런 구절 때문에 요나가 니느웨 백성들이 변화될 것을 전파했다거나, 요나가 회개를 촉구했다고 보기는 어렵습니다. 이 본문의 문맥으로 보면 '멸망할 것이다'(will be overturned)라는 뜻이 가장 적합합니다. 하지만 이 단어가 지니는 두 가지 의미를 가지고 요나서 저자가 아이러니(irony)를 만들고 있다는 시각은 가능합니다. 실제 요나는 멸망을 선언하지만, 아이러니컬하게도 나중에 변화될 것을 저자가 은연중 암시하면서 요나를 은근히 비판한다고 볼 수 있습니다. 이스라엘 백성들이 요나서를 들으면서 이런 아이러니를 느끼게 하려는 요나서 저자의 문학적인 장치일 수 있다는 말입니다. 참조. Alexander, *Jonah*, p. 121.

와 마음을 그대로 담았습니까? 만일 그랬다면 요나의 메시지는 요엘서 선지자의 목청과 비슷했어야 합니다.

> 여호와의 말씀에 "너희는 이제라도 금식하고 울며 애통하고 마음을 다하여 내게로 돌아오라." 하셨나니, 너희는 옷을 찢지 말고 마음을 찢고 너희 하나님 여호와께로 돌아올지어다. 그는 은혜로우시며 자비로우시며 노하기를 더디 하시며, 인애가 크시사 뜻을 돌이켜 재앙을 내리지 아니하시나니, 주께서 혹시 마음과 뜻을 돌이키시고 그 뒤에 복을 내리사 너희 하나님 여호와께 소제와 전제를 드리게 하지 아니하실는지 누가 알겠느냐? (욜 2:12-14)

그러나 요나의 목소리는 이와 같지 않습니다. 단호하게 멸망만을 통고하는 식입니다. 물론 단호한 어투를 사용해서 하나님의 메시지를 강화시키려 했다고 볼 수도 있습니다. 하지만 만일 그렇다면 자신의 메시지를 통해 니느웨가 회개하고 돌아왔을 때, 요나는 손뼉을 치며 기뻐했어야 합니다. 그런데 요나의 모습은 어떠했습니까? 그와는 정반대였습니다. 하나님께서 재앙 거두신 것을 싫어했고 오히려 하나님께 화를 내었습니다. 거꾸로 요나의 기도에는 우리가 앞에서 언급한 요엘서의 내용이 정반대의 의도로 인용되고 있습니다.

> 요나가 매우 싫어하고 성내며 여호와께 기도하여 이르되, "여호와여, 내가 고국에 있을 때에 이러하겠다고 말씀하지 아니하였나이까? 그러므로 내가 빨리 다시스로 도망하였사오니, 주께서는 은혜로우시며

자비로우시며 노하기를 더디 하시며 인애가 크시사 뜻을 돌이켜 재앙을 내리지 아니하시는 하나님이신 줄을 내가 알았음이니이다. 여호와여, 원하건대 이제 내 생명을 거두어 가소서! 사는 것보다 죽는 것이 내게 나음이니이다." 하니 (욘 4:1-3)

요엘 선지자는 여호와께서 은혜로우시고 재앙을 돌이키시는 분이니, 회개하라고 촉구하고 있었습니다. 그와 달리 요나는 하나님께서 은혜로우셔서 재앙 돌이키신 것을 싫어하고 있습니다. 결국, 요나가 니느웨의 멸망 메시지만을 전한 것은 실제 요나 마음이 니느웨 성의 멸망을 바랐기 때문이라고 보는 게 적절합니다.

요나는 니느웨에 가서 메시지를 전하라는 하나님의 명령을 들었습니다. 그러자 요나는 도망갔습니다. 자신이 가서 전하면 니느웨가 혹시 회개하고 돌아 올 것 같았기 때문입니다. 만일 자기가 니느웨에 가서 전하지 않으면 결국 니느웨는 악한 모습 그대로 남게 되고, 그러면 니느웨는 결국 하나님의 진노를 사서 멸망당할 것이기 때문입니다. 그런데 하나님은 도망가는 요나를 끝까지 붙잡아서 다시 니느웨에 가라고 하셨습니다. 도망갔다가 어쩔 수 없이 잡혀 온 요나는 이제는 도망가도 소용없다는 것을 알고 결국 니느웨로 들어갑니다. 그래서 여호와께 순종하는 것처럼 보입니다. 그런데 저자는 요나가 니느웨로 가는 것에만 순종했다고 아주 못을 박아 놓습니다(3:3a). 순종해서 메시지를 전했다고 기록하지 않고, 순종해서 니느웨에는 갔다는 겁니다. 저자의 이런 말투는 요나의 행동과 마음이 서로 다르다는 사실을 은연중 암시하는 듯합니다. 요나는 어쩔 수 없이 가기는 갔지만, 아직도 하나님의 마음을 따르기는 싫었습니다. 그래서 재앙만을 선언합니다. 멸망의 메시지를 말하지만, 회개를 촉구하지 않습니다. 회개의 촉구를 빼 버린 채 단순히 재앙만을 선언합니다.

> "사십 일이 지나면, 니느웨가 무너지리라." (욘 3:4b)

그러니까 요나는 하나님이 원하시는 메시지를 전한 게 아닙니다. 하나님의 메시지를 반만 전했습니다. 하나님의 의도 중에서 자신이 동의하는 부분만 전한 겁니다. 그래서 요나가 전한 메시지는 반쪽 메시지입니다. 이것을 '반만큼이라도 전했으니 다행이다'라는 식으로 받아들이면 곤란합니다. 왜냐하면 문제는 반만 전하는 것이 때로는 메시지를 정반대로 왜곡시키기 때문입니다. 하나님은 니느웨 성의 회복을 원하셔서 요나를 보내셨지만, 요나는 니느웨 성의 멸망을 위해서 메시지를 전했기 때문입니다. 요나가 겉으로는 하나님 편처럼 보이지만, 속으로는 하나님과 등지고 있습니다. 이렇듯이 요나가 전한 메시지는 반쪽 메시지이고, 요나의 마음은 하나님 마음과 정반대 입장에 있습니다. 요나서 3장에 등장하는 요나의 마음은 1장에 나타나는 요나의 생각과 그리 다르지 않습니다.

(2) 요나가 메시지를 전하는 태도
이런 요나의 생각은 메시지를 전하는 요나의 태도에도 잘 나타나 있습니다.

1) 성의 크기 논쟁

앞에서 3:3b의 내용이 있는 이유가 무엇인지 잘 따져 보아야 한다고 했습니다. 왜 갑자기 니느웨 성의 크기를 언급하는지, 또 그것이 의미하는 바가 무엇인지 잘 생각해 볼 필요가 있습니다.

> 니느웨는 사흘 동안 걸을 만큼 하나님 앞에 큰 성읍이더라. (욘 3:3b, 개역개정)

> 니느웨는 극히 큰 성읍이므로 삼일 길이라. (욘 3:3b, 개역한글)

이 구절에는 여러 가지 복잡한 논의가 걸려 있습니다. 그 첫 번째는 니느웨 성의 실제 크기 문제입니다. 니느웨가 '극히 큰 성읍'이고 또 '삼일 길'이라고 했다면(개역한글), 과연 그 크기는 실제 얼마였을까 하는 문제입니다. '삼일 길'이라는 게 걸어갈 수 있는 도시의 직경이고 또 하루에 약 17마일(약 27.4km)을 걸을 수 있다고 보면,[5] 그 도시의 직경은 약 51마일(약 82km)이 되는 셈입니다. 이렇게 볼 때의 문제는 과연 그렇게 큰 도시가 (직경이 약 82km정도 되는 도시가) 고대에 존재했었는가 하는 겁니다. 더구나 4:11을 통해 추측해 볼 수 있는 니느웨 성의 인구수와 비교해 볼 때도 잘 어울리지 않습니다. 4:11에서 말한 12만 명이 그 성의 인구라면, 직경 82km의 거대한 도시에 12만 명밖에 살지 않았

---

5 하루에 갈 수 있는 행진 거리에 대한 Herodotus의 측정 거리는 17마일이라고 합니다. Allen, *Jonah*, p. 221에서 재인용.

는 게 적절치 않아 보입니다.[6] 이런 이유 때문에 여러 가지 다른 입장이 제안되기도 합니다. 3:3b에서 말하는 니느웨 성읍은 단순히 한 성을 나타내는 것이 아니라 특정 지역을 말한다는 주장도 있습니다.[7] 그래서 그 지역은 반경이 82km정도 되지만, 실제 니느웨 성은 그 보다는 적고 인구 12만 명이 적당하다는 겁니다.

또 다른 의견은 '삼일 길'이라는 표현이 도시 직경을 의미하기 보다는 그 성안의 곳곳에 돌아다니면서 메시지를 전해야 하는 시간을 뜻한다고 보는 견해입니다. 그 뿐만이 아닙니다. '삼일 길'이란 표현을 정확한 산술적인 의미로 생각하지 않고, 문학적이거나 관습적인 표현으로 볼 수도 있습니다. 창세기 30:36과 출애굽기 3:18에 나타난 것처럼, 삼일 길은 그냥 거리가 멀다는 표현일 수도 있습니다.[8] 더 나아가 이런 '삼일 길'에 대한 논쟁은, '요나서를 역사서로 보느냐 문학서로 보느냐'하는 논의와도 연결될 수도 있습니다. 이렇게 되면 논쟁은 아주 복잡해집니다.[9]

---

6 보통 고대 역사적 도시에는 직경이 3마일 정도일 때 12만 명 정도가 산다고 계산합니다(참조. Allen, *Jonah*, p. 222). 또한 여기서 12만 명이 니느웨 전체 인구를 말하는지, 아이들 숫자를 말하는지에 따라 견해가 복잡하게 되기도 합니다.

7 A. Parrot은 여기서 말한 니느웨가 'Assyrian triangle'이란 지역을 의미한다고 주장합니다. *Parrot, Nineveh and the Old Testament*, Studies in Biblical Archaeology 3 (SCM Press, 1955), pp. 85-86 (Alexander, *Jonah*, p. 57. n. 4에서 재인용).

8 '자기와 야곱의 사이를 사흘 길이 뜨게 하였고, 야곱은 라반의 남은 양 떼를 치니라.'(창 30:36). '그들이 네 말을 들으리니 너는 그들의 장로들과 함께 애굽 왕에게 이르기를. "히브리 사람의 하나님 여호와께서 우리에게 임하셨은즉 우리가 우리 하나님 여호와께 제사를 드리려 하오니 사흘 길쯤 광야로 가도록 허락하소서." 하라.'(출 3:18).

9 단순히 문학서라고 보면 이런 역사적인 니느웨 성의 크기나 인구 문제가 그다지 크

그러나 과연 이런 논의가 요나서 해석의 초점을 바르게 잡고 있는지는 의문입니다. 더구나 우리 관심이 요나서 3장에 묘사되는 요나의 모습을 정확히 파악하는 데 있기에, 이런 복잡한 논쟁이 그 초점을 흐리게 할 수도 있습니다. 그래서 왜 요나서 저자가 니느웨 성을 '극히 큰 성읍'이라고 부언(附言)하는지, 왜 또 '삼일 길'이란 표현을 하는지, 그 의도를 다른 각도에서 살펴 볼 필요가 있습니다.

2) 메시지를 전하는 요나의 불성실한 태도

극히 큰 성읍?

먼저 개역한글 성경에 '극히 큰 성읍'(3:3b, 개역한글)이라고 번역된 부분을 좀 더 살펴야 합니다. 이 구절의 히브리어 표현을 직역하자면 '그것[니느웨 성]은 하나님에게 큰[중요한] 성읍이었다.'(She was a big[important] city to God; עִיר־גְּדוֹלָה לֵאלֹהִים הָיְתָה)라고 번역할 수 있습니다. 그런데 이 표현을 정확히 이해하려면 두 개의 세부 논의가 필요합니다.

첫째는 개역성경에 '큰'이라고 번역한 히브리어 단어('그돌라', גְּדוֹלָה)가 무슨 뜻이냐는 겁니다. 보통 이 단어는 '크다'(large, big)의 뜻도 되지만, '중요하다'(important)의 뜻도 되기에[10] 어떤 게

게 문제시되지 않을 수도 있습니다. 그러나 문학서라고 해도 터무니없는 숫자를 그냥 창작해서 넣지 않았을 거라고 생각하면, 여전히 성의 크기와 인구수는 문제로 남습니다.

10 NIV가 욘 3:3b를 이렇게 번역하고 있습니다. 'Now Nineveh was a very important city--a visit required three days.' 개역성경은 수 10:2에 있는 동일

적절한지 판단해야 합니다.

두 번째 논의는 이 구절에 있는 '레엘로힘'(אֱלֹהִים)이란 어구(語句)의 번역입니다. (직역은 '하나님에게[또는 신들에게]'라고 번역할 수 있습니다.) 이에 대해서는 보통 네 가지 견해가 있습니다.[11]

① 첫째는 개역한글처럼 '극히'라고 번역하는 견해입니다. 히브리어로는 '하나님(신)'이란 단어가 들어가 있지만 이를 최상급의 뜻으로 보는 겁니다.[12]

② 최상급으로 번역하지 않고 직역을 할 수도 있습니다. 그런데 이 견해는 두 가지로 나뉩니다. 그 하나는 '신들에게'(to/for gods)라고 번역하는 겁니다. 그러니까 니느웨 성이 섬기고 있는 '그들의 신들에게'라는 뜻이 됩니다.

③ 세 번째는 직역을 하되 '하나님에게'(to/for God)로 번역하는 방법입니다. 니느웨 성이 하나님이 보시기에 큰(또는 중요한) 성읍이었다는 식으로 이해하는 방식입니다.[13]

④ 마지막 견해는 '하나님께 소속된(belong to God)' 성(城)이라고 이해하는 견해입니다. 니느웨 성이 결국 하나님의 통치와 다

한 단어를 '크다'의 의미로 번역했지만, NIV는 '중요하다'는 뜻으로 번역했습니다. 'Gibeon was an important city like one of the royal cities.' Stuart는 WBC 주석에서 욘 3:3a에 있는 이 단어를 '중요하다'는 뜻으로 번역하는 게 낫다고 판단합니다. Stuart, *Jonah*, pp. 483-484, 486-487.

11 이에 대한 자세한 설명은 Sasson, *Jonah*, pp. 228-30을 참조하십시오. 필자는 Sasson의 세 가지 분류를 네 가지로 확대하여 간략히 설명합니다.

12 한글 표준새번역, 공동번역, 영어의 NASB, KJV, RSV 등이 이런 번역을 취하고 있습니다.

13 개역개정은 이런 식으로 번역합니다.

스럼 아래 있다고 보는 생각입니다.[14]

이런 여러 견해 중에서 어떤 게 보다 합당한지를 판단하는 건 쉽지 않습니다. 하지만 욘3:3b의 내용을 이어진 3:4a과 같이 생각해보면 보다 쉽게 답이 보입니다.

'삼일 길'과 '하룻길' 대비의 의미

문제를 해결하는 중요한 초점은 3:3b-4a에 등장하는 '삼일 길'과 '하룻길'의 대비를 보는 것입니다. 왜 요나서 저자가 니느웨 성이 '삼일 길'이라고 말하고 나서 이어 요나가 '하룻길'을 행하며 외쳤다고 말하느냐는 겁니다. 저자가 의도적으로 '삼일 길'과 '하룻길'을 대비하는 것처럼 보이기에, 이 대비의 의도를 파악하는 게 논의에 중요합니다.

'삼일 길'이란 표현이 성의 크기를 말하던, 그 성에 메시지를 전달하는 기간을 말하던 간에 저자가 밝히는 점은, '삼일 길'을 가야 하는 큰 성 니느웨에 요나가 '하룻길'만 전했다는 사실입니다. 그러니까 저자가 보이려는 건 요나가 무엇인가 온전하게 행동하고 있지 않다는 점입니다. 즉, '삼일 길'과 '하룻길'의 대비가 요나의 불성실한 태도를 시사(示唆)한다는 말입니다. 니느웨 성은 '삼일 길'만큼의 분량을 요구하는데, 요나는 '하룻길'만을 전했습니다.[15]

---

14 Sasson은 이런 견해가 더 옳다고 봅니다. Sasson, *Jonah*, pp. 229-230.

15 Sasson도 비슷하게 '삼일 길'과 '하룻길'의 대비를 주목해야 한다고 말합니다. 하지만 그는 '삼일 길'은 하나님의 계획 속에서 니느웨 성의 중요도를 말하는 표현이고, '하룻길'은 실제 니느웨 성의 크기라고 생각합니다. 하룻길이란 표현이 욘 4:11에 언급된 인구 숫자와 더 잘 맞는다고 보기 때문입니다 (Sasson, *Jonah*, p. 231).

개역한글의 '극히 큰 성읍'이란 번역은 이런 대비와 어울립니다. 그런데 이 표현은 개역한글처럼 번역하기보다는 '하나님 앞에 큰 (또는 중요한) 성읍'으로 이해하는 게 나아 보입니다(개역개정).[16] 하나님 앞에 니느웨는 큰(또는 중요한) 성읍이었고, 그래서 그것 을 보충하는 말로 '삼일 길'이라고 표현했습니다. 그러나 요나는 그런 하나님의 입장과는 다르게 '하룻길'만을 가면서 외칩니다. 하 나님에게는 크고 중요하지만 요나는 그렇게 생각하지 않고 있다 는 암시가 새겨져 있습니다. 그래서 3:3b의 '레엘로힘'(하나님에 게)이라는 표현과 3:4a의 '요나'라는 언급이 대조가 됩니다. 다음 의 대조를 보십시오.

| 3:3b | 니느웨 성은 | **하나님 앞에** | 큰(중요한) 성읍 | **삼일 길** |
| 3:4a | 그 성에서 | **요나는** | | 하룻길을 |

도식 3.1. 욘 3:3b와 3:4a에 나타난 '삼일 길'과 '하룻길'의 대비

이런 그의 주장은, 두 가지 어려움을 만들기 때문에, 다 받아들이기는 힘듭니다. 1) 그의 주장에 따르면, 요나서 저자는 '삼일 길'은 상징적으로 쓰고 '하룻길'은 산술적 으로 썼다는 게 되는데, 이는 대비 구조를 부각하기가 어렵습니다. 2) 또한 그의 주 장은 요나의 하룻길이 그의 불성실을 표현한다고 보기 힘들게 합니다. 요나는 원래 하룻길만큼의 일을 제대로 한 게 되기 때문입니다.

16 한글이나 영어의 번역본 대부분은 전통적인 견해를 따라 최상급으로 번역하고 있 습니다(개역한글, 표준새번역, 공동번역, KJV, RSV, NASB, NRSV 등). 많은 학 자들도 이런 견해를 따르는 게 사실입니다. 그러나 현대 여러 학자들은 이런 전통 적 견해의 어려움을 지적하고 있습니다. 참조. Alexander, *Jonah*, p. 119; Allen, *Jonah*, pp. 220-221; Sasson, *Jonah*, p. 228.

이런 생각은 이어 3:4b에 등장하는 짧은 요나의 메시지와 잘 어울립니다. 요나는 하나님이 원하시는 회개의 메시지를 생략하고 자신이 원했던 심판의 선언만 합니다. 니느웨 성에 가긴 갔지만, 아직도 하나님의 마음으로 돌아서지 않았습니다. 그래서 하나님 보시기에는 니느웨가 '삼일 길'의 성이지만, 요나는 '하룻길'만 가며 짧게 외칩니다. 하나님이 원하시는 회개의 메시지는 전하지 않고, 자신이 원하는 심판의 선언만 말하고 끝내 버립니다. 여전히 요나는 니느웨 성이 멸망하기를 바라고 있습니다.

혹자는 요나가 '하룻길' 동안 외친 것이 오히려 요나의 열심을 주장하는 것이라고 말할지 모릅니다. 원래 니느웨 성은 '삼일 길'이 필요하지만, 요나가 너무 열심히 해서 하룻길에 다 끝냈다는 겁니다. 하지만 그렇다면 다른 문제가 등장합니다. 만일 그렇게 열심을 부린 행동이 니느웨 백성의 회개를 바란 이유였다면, 하룻길만 전하고 끝나서는 안 되기 때문입니다. 진짜 회개를 바랐다면, 사십일 동안 내내 메시지를 전했을 것입니다. '하룻길'은 요나의 열심을 알리는 표현이라고 보기 힘듭니다. 오히려 요나가 하나님의 메시지를 제대로 전하지 않고 대충 했기에, 삼일 길이 걸릴 것을 하룻길에 끝냈다고 보는 게 더 적절합니다.

문맥 구조

결국, 3:3-4전체는, 여호와의 두 번째 명령을 따라간 요나가 겉으로는 여호와의 말씀을 좇는 것 같지만(3:3a) 실제로는 하나님의 마음과 의도를 따르지 않음을(3:3b-4) 묘사합니다. 바로 이런 요나의 불성실한 태도를 설명하려고, 저자는 3:3b에 갑자기 니느웨 성의 크기를 언급합니다. 이것을 간략하게 정리하면 다음의 표와 같습니다.

여호와의 두 번째 명령(3:2)	요나의 반응(3:3-4)	비고
1) 니느웨로 가라 (3:2a)	1) 말씀대로 일어나 감(3:3a)	순종하는 듯 보임
2) 명한바를 선포하라 (3:2b)	2) 메시지 선포에 대한 반응(3:3b-4) ① 메시지 전파 태도(3:3b-4a) a. 하나님 앞에 그 성은 삼일 길 (3:3b) b. 요나는 하룻길에만 외침(3:4a) ② 메시지 내용(3:4b) 40일 후 니느웨가 무너지리라	불순종 불성실 짧음 반쪽만 전함

표 3.1. 여호와의 두 번째 명령과 그에 대한 요나의 반응 (욘 3:2-4)

3) 요나의 메시지가 짧은 이유

이런 관점에서 볼 때, 요나의 메시지가 짧은 것에는 어떤 암시가 있는 듯합니다. 요나가 짧은 메시지를 전하는 데 비해(3:4b), 니느웨 왕은 오히려 말을 길게 합니다(3:7-9). 이런 대비는 3장에 등장하는 요나의 불성실과 속마음을 간접적으로 보여 줍니다.

요나는 하나님께서 진짜 의도하신 회복과 회개를 전하지 않고 니느웨 성의 멸망만 선포합니다. 그 반면 니느웨 왕은 요나가 언급하지도 않은 회복의 메시지를 말합니다. 요나가 전한 메시지는 다섯 단어로 압축된 반면, 니느웨 왕의 조서는 아주 자세히 기록됩니다. 그 조서에는 메시지가 적용될 대상의 범위까지 언급될 뿐 아니라, 회개하는 구체적 방법까지도 제시됩니다. 요엘 선지자가 말했던 회복의 메시지가(참조. 욜 2:12-14) 요나 선지자의 입에 등장하지 않고 오히려 니느웨 왕의 입에서 맴돕니다(참조. 욘 3:9). 하나님이 의도하신 메시지가 이스라엘 선지자 요나에게 있지 않고 이방 왕에게 있습니다. 그렇다면 누가 하나님의 의도를 따라가는 겁니까? 여기에 저자가 넌지시 던지는 해학(諧謔)과 아이러니가 있습니다. 하나님과 등진 요나의 마음을 암시하려고, 3장에 있는 요나의 말은 이렇게 간략하게 등장합니다.

(3) 왕의 태도와 말

요나의 메시지가 하나님의 마음과 달랐다는 사실은 니느웨 왕의 태도와 말을 통해서도 간접적으로 알 수 있습니다. 왕의 태도와 말에 요나가 회개의 메시지를 촉구한 것 같지 않았다는 뉘앙스가 슬며시 들어있기 때문입니다. 니느웨 왕의 태도부터 봅니다.

> 그 일이 니느웨 왕에게 들리매 왕이 보좌에서 일어나 왕복을 벗고 굵은 베 옷을 입고 재 위에 앉으니라. 왕과 그의 대신들이 조서를 내려 니느웨에 선포하여 이르되 (욘 3:6-7a)

요나는 몇 마디 한 것 같지 않은데, 그 메시지는 백성들의 입을 통해 결국 니느웨 왕에게까지 전해집니다. 그런데 그렇게 간접적으로 메시지를 들은 니느웨 왕의 반응과 말이 흥미롭습니다. 왕은 먼저 보좌에서 일어나 조복(朝服)[17]을 벗고 굵은 베를 입습니다. 그후 조서를 선포합니다. 저자는 의도적으로 요나의 행동과 니느웨 왕의 행동을 대비시킵니다. 저자는 요나의 행동에 대해서는 아주 조금 기록합니다. 그런데 그와는 정 반대로 왕의 행동에 대해서는 많이 기록합니다. 요나의 행동이 간단히 묘사된 데에 비해,[18] 니느웨 왕의 행동은 아주 자세히 묘사됩니다.

더 중요한 점은 회개를 촉구하는 왕의 말 안에 녹아 있는 뉘앙스입니다. 니느웨 왕은 이렇게 말합니다.

> "사람이나 짐승이나 소 떼나 양 떼나 아무것도 입에 대지 말지니, 곧 먹지도 말 것이요 물도 마시지 말 것이며, 사람이든지 짐승이든지 다 굵은 베 옷을 입을 것이요, 힘써 하나님께 부르짖을 것이며 각기 악한 길과 손으로 행한 강포에서 떠날 것이라. 하나님이 뜻을 돌이키시고 그 진노를 그치사 우리가 멸망하지 않게 하시리라. 그렇지 않을 줄을 누가 알겠느냐?" (욘 3:7b-9)

니느웨 왕은 회개를 촉구하고 나서, 하나님께서 혹시 뜻을 돌이키셔서 니느웨가 멸망당하지 않게 될 가능성을 언급합니다. 그런데 왕이 이 말을 하는 대목에는 이런 회개와 회복의 메시지가 니느웨 백성들에게 전달되지 않았다는 암시가 은연중에 들어 있습니

---

17 조복이란 보통 임금이나 관원이 조정(朝廷)에 나아가 일할 때 입던 예복을 말합니다.

18 요나가 '일어나 갔고' '하룻길'만 전했다고 매우 간략히 기록되어 있습니다.

다. 만일 요나가 이런 회개와 회복의 메시지를 전했다면, 왜 니느웨 왕이 선지자 요나의 말을 근거로 들지 않겠냐는 것입니다. 요나가 전한 '멸망의 메시지'를 신뢰했다면, 요나가 전한 '회복의 메시지'도 마찬가지로 붙들었을 겁니다. 그래서 '그 선지자의 말처럼 우리가 재앙을 면할지 누가 알겠느냐?'라는 식으로 말했을 겁니다. 하지만 저자의 묘사에는 그런 점을 시사하는 내용은 전혀 보이지 않습니다. 오히려 요나 선지자가 그런 회복의 메시지를 말하지 않았기 때문에, 왕의 조서를 통해서 그런 회복의 메시지가 전파되고 있다고 보는 게 좋다는 말입니다. 저자는 니느웨 왕의 조서에 그런 회복의 메시지를 넣어 은근하게 선지자 요나의 불성실과 불순종을 알리고 있습니다.

> "하나님이 뜻을 돌이키시고 그 진노를 그치사 우리가 멸망하지 않게 하시리라. 그렇지 않을 줄을 누가 알겠냐?" (욘 3:9)

요나를 통해서 전해지지 않은 회개와 회복의 메시지가 (즉, 하나님의 진짜 메시지가) 니느웨 왕을 통해서 니느웨 백성에게 온전히 전해집니다. 이렇듯 저자는 니느웨 왕을 통해서 하나님의 메시지가 거꾸로 울려 퍼지도록 요나서 3장을 기록하고 있습니다. 선지자의 이름표를 달고 등장하는 사람은 요나이지만, 참 선지자 노릇을 하고 있는 사람은 경고를 받은 니느웨 왕입니다. 3장에서 요나는 니느웨 왕과 대조되는 모습으로 등장하고, 니느웨 왕은 하나님

의 마음과 생각을 헤아리는 사람으로 묘사됩니다.[19]

3. 정리

요나서 3장에 나타난 요나의 메시지 내용과 그가 메시지를 전하는 태도, 더 나아가 니느웨 왕과 요나가 대조되는 모습을 자세히 보면, 3장의 요나가 아직도 하나님을 등지고 있다는 사실을 알 수 있습니다. 요나가 니느웨 성으로 가기는 했지만, 요나는 아직도 하나님의 마음과 생각을 따르지 않습니다. 겉으로는 니느웨 성으로 갔고 또 메시지를 전하는 선지자의 모습으로 등장합니다. 하지만 실제는 하나님의 마음과 다르고, 자기의 고집을 버리지 않습니다. 순종하는 척하면서 오히려 자기주장을 펼쳤고, 자신의 속마음을 감춘 채 은근히 자기 생각을 고수했습니다. 사실 이런 요나의 감추어진 모습 때문에 요나서 3장을 자주 오해했습니다. 요나가 멋있게 사역한 것으로 착각했습니다. 그러나 니느웨 성의 운명은 하나님이 기뻐하시는 쪽으로 진행되었습니다. 하나님은 요나같이 불순종하는 사람을 통해서도 당신이 원하시는 역사를 이루어 가실 수 있는 분이시기 때문입니다. 그런데 하나님의 이런 놀라운 역사

---

19 이렇게 니느웨 왕이 하나님의 마음을 헤아리는 사람으로 묘사된다는 점은 여러 가지 면에서 확인될 수 있습니다: ① 니느웨 왕의 관심(욘 3:7b-8a)과 여호와의 관심(욘 4:11)이 '육축'에 까지 미치고 있다는 점, ② 니느웨 왕의 말은 욜 2:12-14과 유사한 점이 많다는 점, ③ 니느웨 왕의 조서를 서술한 후 (즉, 욘 3:7-9 후) 곧바로 하나님께서 재앙을 돌이키는 내용(욘 3:10)이 기술된다는 점, ④ 하나님에 대한 요나 선지자의 불평(욘 4:2-3)이 니느웨 왕의 말과 정 반대의 입장이라는 점 등입니다.

를 요나는 싫어합니다. 그래서 그 감추었던 마음이 요나서 4장에서 폭발합니다. 결국, 요나는 이렇게 말합니다.

> "여호와여, 내가 고국에 있을 때에 이러하겠다고 말씀하지 아니하였나이까? 그러므로 내가 빨리 다시스로 도망하였사오니, 주께서는 은혜로우시며 자비로우시며 노하기를 더디하시며 인애가 크시사 뜻을 돌이켜 재앙을 내리지 아니하시는 하나님이신 줄을 내가 알았음이니이다. 여호와여, 원하건대 이제 내 생명을 거두어 가소서! 사는 것보다 죽는 것이 내게 나음이니이다." (욘 4:2b-3)

요나서 3장의 요나는, 4장의 요나와 다르지 않습니다. 여전히 하나님과 등지고 있습니다. 다만 감추어져 있을 뿐입니다.

4장 · 자기 생각과 자기 연민의 기도 (요나서 2장)

1. 요나는 회개의 기도를 했나?
   (1) 기도한다는 사실
   (2) '주'를 찾고 그분에게 감사한다는 점
   (3) 구약 성경을 인용한다는 점

2. 자기 생각과 자기 연민의 기도
   (1) 세 가지 중요한 점
      1) 두 개의 기도가 섞여 있음
      2) 물고기 뱃속: 고난의 자리가 아니라 구원의 자리
      3) 요나가 했던 기도의 문맥 구조
   (2) 요나의 기도: 자기 생각과 자기 연민의 기도
      1) 물에 빠지면서 했던 첫 번째 기도: 회개가 빠진 결단의 기도
      2) 물고기 뱃속에서 했던 두 번째 기도: 자기중심적 감사와 비교의 기도
      3) 기도 내용 정리

3. 정리: 요나가 했던 기도의 특징
   (1) 회개 기도가 아님
   (2) 자신의 구출 사건을 묘사하며 감사하는 기도
   (3) 자기중심적 기도: 하나님의 의도를 따라 기도하지 않음
   (4) 타인을 넌지시 정죄하는 기도
   (5) 신앙적인 것처럼 보이는 기도

앞 장(章)에서는 요나서 3장에서도 요나가 계속 하나님과 등지고 있다는 사실을 알아보았습니다. 요나가 겉으로는 메시지를 전하고 있지만, 속으로는 하나님과 대립하고 있었습니다. 그렇다면 요나서 2장은 어떨까요? 이점이 자못 궁금합니다. 만일 2장의 요나도 하나님과 대립하고 있다면, 이 책의 논지는 더 분명해집니다. 하지만 2장에는 요나의 기도가 꽉 차있기에 그렇게 쉽게 말하지 못할 거라고 보통 생각합니다. 혹 어떤 분은 자신만만하게 이렇게 추측을 할지 모릅니다. '2장에서는 요나가 간절하게 기도하고 있기에, 2장에 나타난 요나를 기소(起訴)하기는 어렵다. 3장의 요나는 말도 별로 하지 않고 간단히 메시지만을 전했기에 그렇게 안 좋게 볼지도 모르겠지만, 2장에는 요나가 하나님을 향해 당당하게 기도하고 있기에 부정적으로 보기 어렵다.' 사실 여러 면에서 요나서 2장을 해석하고 논의한다는 건 쉬운 일이 아닙니다. 요나가 기도하고 있다는 사실 때문에도 그렇고, 그 기도가 여러 구약 성경 구절과 연관되어 있다는 점에서도 그렇습니다. 그래서 이번 장(章)에서 요나서 2장을 이해하는 데 필요한 모든 논의를 다 다루지는 못합니다. 다만 이 책의 논제와 관련된 부분을 중심으로 살핍니다. 과연 요나서 2장에서도 요나가 하나님과 등지고 있는가를 따져보자는 이야기입니다.

1. 요나는 회개의 기도를 했나?

보통은 요나서 2장에서 요나가 회개 기도를 하고 있다고 생각합니다. 처음에 하나님 말씀을 들었을 때에는 (즉, 요나서 1장에서는) 그 명령을 따르기 싫어서 다시스로 도망을 갔습니다. 그러나 폭풍을 통해 자신의 잘못이 드러나자 스스로 뉘우치고 회개를 했다는 겁니다. 그래서 물속에 던져진 후 물고기 뱃속에서 하나님께 회개 기도를 드렸고, 이런 요나의 경험이 니느웨 사역에 기초가 되어 좋은 결과가 나타났다는 겁니다.[1] 이렇게 판단을 하는 주요 이유는 크게 세 가지 정도로 압축할 수 있습니다.

(1) 기도한다는 사실

기도는 회개의 증거다?

첫째는 회개의 증거를 2장에서 요나가 열심히 기도하고 있다는 점에서 찾습니다. 요나가 열심히 기도를 하는 것으로 보아, 요나

---

[1] 물론 요나서 3장에 나타난 요나는 훌륭한 사역자의 모습이 아니었다고 이미 정리했습니다.

는 회개를 했고 하나님 편으로 다시 돌아갔다고 보는 겁니다. 실상 2장의 대부분은 요나의 기도입니다. 2장의 등장인물은 요나이고 주연도 요나인데, 그 요나의 기도가 주인공의 모든 대사입니다. 사정이 이러하기에 보통 2장의 요나에게 고운 시선과 동정의 눈길을 보내게 됩니다.

기도한다고 곧 회개한 것은 아니다

그러나 이런 판단과 시각은 좀 단순하다고 느껴집니다. 기도 소리가 들린다고 해서 모든 것이 곧바로 해결되었다고 보기는 어렵습니다. 좀 더 자세한 관찰과 정확한 비교를 통해서 요나의 마음이 진정으로 하나님의 마음과 같아졌는지를 따져 보아야 합니다. 요나가 기도하니까 하나님과 같은 편이 되었다고 생각하기보다, 요나서 1장과 4장에서 보았던 요나의 잘못된 생각과 마음이 2장에는 다르게 나타났는지를 따져보아야 합니다. 이런 판단이 2장의 요나에 대해 바른 평가를 제공해 줍니다.

기도를 하면서도 하나님과 등지는 경우가 종종 있다는 사실을 잘 생각해 보아야 합니다. 구약에 많은 거짓 선지자들이 여호와의 이름으로 말하고 또 기도한다고 했지만(참조. 렘 23:9-40; 28:1-17), 그들이 곧 하나님의 참 선지자였던 건 아니었습니다. 예수님도 사람들이 외식으로 기도하는 것에 대해서 지적하셨고, 하나님의 뜻대로 기도하는 게 필요함을 가르치셨습니다(참조. 마 6:5-15; 눅 11:1-13). 사람들은 하나님께 기도한다고 종종 말은 하지만, 하나님께 자기 고집과 생각을 주장하기만 하는 경우가 있습니다. 요나의 기도를 살펴 볼 때, 이런 점을 잘 생각해야 합니다. 왜냐하면 요나서 4장의 요나는 기도를 하면서 아예 하나님께 반항하는 모습을 보이기 때문입니다. 다시 4:1-3을 읽어봅니다.

> 요나가 매우 싫어하고 성내며 여호와께 기도하여 이르되, "여호와여, 내가 고국에 있을 때에 이러하겠다고 말씀하지 아니하였나이까? 그러므로 내가 빨리 다시스로 도망하였사오니, 주께서는 은혜로우시며 자비로우시며 노하기를 더디 하시며 인애가 크시사 뜻을 돌이켜 재앙을 내리지 아니하시는 하나님이신 줄을 내가 알았음이니이다. 여호와여, 원하건대 이제 내 생명을 거두어 가소서! 사는 것보다 죽는 것이 내게 나음이니이다." 하니 (욘 4:1-3)

요나가 기도한다고 분명히 기록되어 있습니다. 하지만 그 기도의 내용은 하나님이 하신 일을 고소하는 것이고, 그 기도의 성격은 하나님께 화를 내는 것입니다. 기도의 형식을 담고 있지만, 마음은 하나님과 정반대에 있습니다. 니느웨 성이 망하는 것에 대해서 요나는 하나님과 정반대의 입장에 있습니다. 더구나 4:2에 '기도하다'라고 번역된 히브리 단어가 2:1에 요나가 '기도하다'라고 말한 단어와 동일한 단어('파랄', לל‍פ)라는 점도 고려되어야 합니다. 그렇기 때문에 요나서 2장에서도 요나가 기도한다는 사실만을 가지고, 2장의 요나가 무조건 회개했다고 생각할 수는 없습니다.

그 뿐만이 아닙니다. 4:1-3에 있는 요나의 기도를 잘 읽어보면, 요나가 처음에 여호와의 명령을 싫어해서 다시스로 갈 때에도 하나님께 비슷한 종류의 기도를 했었다는 사실을 알게 됩니다. 이때 드린 기도도 하나님의 마음을 따라서 드린 기도가 아닙니다.

"여호와여, 내가 고국에 있을 때에 이러하겠다고 말씀하지 아니하였나이까? 그러므로 내가 빨리 다시스로 도망하였사오니" (욘 4:2a)

1장의 요나는 '여호와의 낯을 피하여' 도망갈 때에도 하나님께 기도를 드렸습니다. 하나님의 명령과 마음을 싫어하면서도 기도하고 있습니다. 그렇기에 요나서에서 요나가 기도한다는 사실만 가지고 요나가 하나님과 동행하며 여호와의 마음과 생각을 따라 행동한다고 쉽게 점칠 수는 없습니다. 바로 이런 점 때문에 2장에 나타난 요나의 기도 소리만 듣고 요나의 회개를 주장하기는 힘듭니다. 보다 바른 판단을 하려면, 이 요나의 기도 내용이 진정 하나님 앞에서 자신의 과거 잘못을 회개한 상태에서 하나님의 마음을 따라 기도한 것인지를 분명히 확인해야 합니다.

(2) '주'를 찾고 그분에게 감사한다는 점

요나의 기도 내용: '주'를 찾고 그분에게 감사함
혹자는 요나가 '주' 부른다는 사실이 회개의 증거라고 볼 지도 모르겠습니다. 요나는 기도에서 '주'와 '여호와'란 말을 여러 번 반복하고 있습니다. 그뿐 아니라 주께 감사도 합니다(참조. 2:9). 이런 점을 보아 요나가 이 기도에서 회개했고 이미 하나님 편이 되었

다고 주장할지도 모르겠습니다.

회개라고 말할 근거는 되지 않음

하지만 쉽게 그렇게 판단하는 건 섣부릅니다. 요나가 '주'라는
말을 한다는 게 곧 요나의 회개를 보장해 주지는 않습니다. 요나가
여호와 하나님을 정면으로 대항하는 요나서 4장의 기도에도 요나
는 '여호와'와 '주'란 말을 하고 있습니다. 요나의 기도에는 자신
에 대한 관심도 지대합니다. 요나는 기도할 때 '나'란 말도 많이 합
니다.[2] 요나는 주를 찾기는 하지만 사실 자기 자신에 대해서 더 관
심이 많습니다. 그런데 '주'란 말은 우리 한글 번역 성경에 나오는
표현일 뿐입니다. 히브리어 성경에는 그냥 '그'나 '당신'이란 뜻을
가진 어미가 히브리어 동사에 붙은 것입니다. 그러니까 이런 표현
을 회개의 뉘앙스로 해석하는 것은 본문의 의미를 넘어서는 일일
수 있습니다. 오히려 '하나님'과 '나(요나)'의 대비가 요나의 기도
에 흐르고 있다는 정도로 보는 게 좋습니다. 이 대비가 어쩌면 요
나와 하나님의 대립을 암시할 수도 있고 아니면 그냥 기도와 관련
된 두 인격을 표시할 수도 있습니다. 결국 '주'라는 표현의 빈도수
만 가지고 요나의 회개를 추측하기는 힘듭니다. 이보다는 실제 요
나가 하는 기도 내용을 자세히 살펴보며 요나의 마음과 생각을 정
확히 파악해야 합니다.

감사한다는 표현이 있는 점도 마찬가지입니다. 주께 감사하는

---

2 개역개정 번역에는, 2장 요나의 기도에 '주'란 말이 11번, '여호와'란 단어가 4번,
  '하나님'이란 언급이 1번 있는 반면, '나'란 표현은 21번이나 등장합니다.

것은 좋은 일이지만, 그 감사하는 이유와 내용이 잘못되었을 때는 문제입니다. 2:9에 나타나는 요나의 감사 이유를 자세히 살펴보기 전에는 그 감사가 적절한 것인지 확신할 수 없습니다. 사실 요나는 자기중심적인 생각에 빠져서 자기가 구원받은 것에만 감사하고 있습니다. 이 점은 후에 더 다루겠습니다.

(3) 구약 성경을 인용한다는 점

요나의 기도 내용이 구약 성경의 다른 여러 구절과 유사하다는 점도 생각해 볼 수 있습니다. 2장의 무대에 등장하는 요나가 구약 성경 구절을 자기기도에 언급하고 있다고 해서[3] 그것이 곧 요나의 신실함을 증명하거나 그의 회개를 보장해 주지는 않습니다. 성경을 인용하거나 사용한다는 사실만을 가지고는 부족합니다. 예수님과 적대적이었던 많은 바리새인들도 구약 성경을 아주 중요시했고 많이 사용했습니다. 심지어는 예수님을 시험하는 자(마귀)도 시편 말씀(시 91:11-12)을 인용하여 유혹하기도 했습니다. 더 분명한 반증은 요나서 4장에 있습니다. 4장에서 요나가 하나님을 대항하여 기도할 때 나오는 내용(4:2b)은 요엘 2:13과 아주 유사합니다. 4장의 요나는 요엘서의 내용을 자기 목적에 맞게 사용하고 있습니다. 결국, 2장의 요나가 구약 성경 구절들을 줄줄 외고 있다

---

3 실제 요나가 그런 구절을 외운 것인지, 아니면 요나가 이런 말을 했기 때문에 다른 성경 구절들이 영향을 받은 것인지, 그것도 아니면 요나서 저자가 요나의 입에 이런 성경 구절을 넣은 것인지를 고민해야 합니다. 하지만 이는 보다 전문적인 논의를 필요로 합니다. 요나서 2장과 다른 구약 성경을 비교하여 분석하는 일은 아주 복잡한 문제입니다.

고 해서 그것을 요나의 회개와 곧바로 연결시키기는 어렵습니다. 다시 말하지만, 요나의 본심과 속마음을 알기 위해서는 요나가 한 기도를 좀 더 자세히 분석하는 게 최선입니다.

2. 자기 생각과 자기 연민의 기도

요나의 기도 내용은 어떤 모습과 성격을 지닐까요? 이것이 중요합니다. 간략하게 먼저 말하면 2장에 나타난 요나의 기도는 요나의 입장만이 꽉 차 있는 자기주장의 기도라고 말할 수 있습니다. 자신이 고난을 당하는 이유도 잘 헤아리지 않을 뿐 아니라, 자신이 이전에 하나님의 뜻을 거부하고 도망간 점에 대해서도 제대로 뉘우치지 않습니다. 다만 자기에게 일어난 고난과 그 해결에 주로 관심을 둡니다. 하나님은 처음부터 니느웨 백성이 당할 멸망과 그 회복에 관심이 있었습니다. 그러나 요나는 이 기도에서도 그들에게 관심을 두기보다는 자신이 당한 고난의 해결에만 골몰합니다. 물론 당장 자신이 당한 어려움이 크니까 자기 고난을 주로 말한다고 볼 수는 있습니다. 하지만 요나가 당한 고난은 자신이 '여호와의 낯을 피하여' 생긴 일이기에, 자신의 고난 문제를 말하려면 당연히 자신의 잘못을 뉘우치는 일을 생각하지 않을 수 없습니다. 자신이 줄행랑친 행동이나 니느웨 성의 회복을 싫어한 마음에 대해 제대로 고백하지 않고는, 요나 자신이 당하는 고난과 그 고난의 해결 문제를 말하기 힘듭니다. 그럼에도 불구하고 요나는 자기 고난 문제를 이야기 할 때 이런 점들을 쏙 빼놓습니다. 여기에 문제가 있습니다. 처음에 요나가 하나님의 뜻을 거부했던 그 마음이 요나서 2장에 있는 요나의 기도에 해결되었다는 증거가 있어야 하는데, 이것이 잘 보이지 않습니다. 이런 점을 잘 이해하려면, 다음의 세 가지를 잘 인식해야 합니다.

(1) 세 가지 중요한 점

1) 두 개의 기도가 섞여 있음

첫째, 2장에 있는 요나의 기도에 시점이 다른 두 가지 기도가 섞여 있다는 사실을 잘 파악해야 합니다.[4] 2:1을 보면 요나가 물고기 뱃속에서 기도하고 있다고 말하고 있기에, 2장에 나온 기도 전체가 물고기 뱃속에서 한 기도라고 쉽게 생각할지 모릅니다.

요나가 물고기 뱃속에서 그의 하나님 여호와께 기도하여 (욘 2:1)

물론 2:2-9의 전체가 물고기 뱃속에서 한 기도입니다. 하지만 물고기 뱃속에서 요나가 기도할 때, 자기가 이전에 했던 기도를 인용하고 있다는 사실이 중요합니다. 2:2에 그 첫 번째 힌트가 있습니다.

이르되, "내가 받는 고난으로 말미암아 여호와께 불러 아뢰었더니 주

---

4 Alexander도 필자와 유사하게 두 가지 기도가 섞여 있다고 생각합니다. Alexander, *Jonah*, p. 113.

께서 내게 대답하셨고, 내가 스올의 뱃속에서 <u>부르짖었더니</u> 주께서

내 음성을 들으셨나이다." (욘 2:2)

요나는 자신이 받는 고난 때문에 여호와를 불렀더니 그분께서

대답하셨고, 또 스올의 뱃속에서 부르짖었더니 주께서 요나의 음

성을 들었다고 말합니다. 이는 요나가 물고기 뱃속에서 기도하기

전에 이미 이루어진 일을 말하는 것 같습니다. 이전에 한 기도 내

용을 요나는 2:4에서 짧게 요약합니다.

"내가 말하기를 '내가 주의 목전에서 쫓겨났을지라도 다시 주의 성전

을 바라보겠다.' 하였나이다." (욘 2:4)

요나는 물고기 뱃속에서 기도하기 전에 자신이 '주의 목전에서

쫓겨났을지라도 주의 성전을 보겠습니다.'라고 기도했었습니다.

그리고 그 기도를 주께서 들으시고 응답하셨다고 말합니다(참조.

2:2). 이런 점을 2장의 요나는 2:7에서 다시 반복합니다.

"내 영혼이 내 속에서 피곤할 때에 내가 여호와를 생각하였더니, 내

기도가 주께 이르렀사오며 주의 성전에 미쳤나이다." (욘 2:7)

요나는 자신이 이전에 드렸던 기도를 언급하면서 지금 물고기

뱃속에서 기도하고 있습니다.

2) 물고기 뱃속: 고난의 자리가 아니라 구원의 자리

'스올의 뱃속' = '물고기 뱃속'?

이런 이해와 관련하여 주목해야 할 중요한 표현이 있습니다. 2:2에 등장하는 '스올의 뱃속'입니다. 종종 이 '스올의 뱃속'이 '물고기 뱃속'을 가리킨다고 보기에, '내가 스올의 뱃속에서 부르짖었다'라는 요나의 말을 곧 요나가 물고기 뱃속에서 기도한 것이라고 생각합니다. 만일 그렇다면 2:2은 다음의 두 가지 의미 중 하나가 됩니다. 하나는 요나가 물고기 뱃속에서 두 번 기도한 것입니다. 물고기 뱃속에서 한 번 먼저 기도했었는데, 나중에 다시 기도하면서 이전 기도를 환기했다는 겁니다. 또 다른 하나의 가능성은 요나가 두 번 기도한 게 아니라 물고기 뱃속에서 한번만 기도했는데 자신의 그 기도를 하나님께서 이미 들으셨다고 확신했다는 겁니다. 그런 확신 때문에 2:2에서 과거형 동사를 사용했다고 봅니다. 요나는 이미 자신이 물고기 뱃속에서 나가게 될 것을 예견한 셈입니다.

하지만 이런 두 견해는 모두 쉽게 받아들이기 힘듭니다. 먼저, 2:1과 2:2의 '배'라는 단어가 히브리어로는 다르다는 점을 고려해야 합니다. '물고기 뱃속'(2:1)의 '배'라는 히브리 단어와 '스올의 뱃속'의 '배'라는 히브리 단어는 다릅니다.[5] 저자가 의도적으로 다른 단어를 써서 '스올의 뱃속'과 '물고기 뱃속'을 구분한 것일 수 있습니다.

---

5 히브리어로 욘 2:1의 '배'는 '메에흐'(מֵעֶה)이고, 욘 2:2의 '배'는 '베텐'(בֶּטֶן)입니다.

물고기 뱃속: 고난의 자리가 아니라 구원의 자리

그러나 더 큰 이유는 물고기 뱃속이 요나에게는 고난의 자리가 아니라 구원의 자리라는 사실을 잘 이해하는 데 있습니다. 먼저 2:2에 나타나는 병렬의 대비를 잘 보아야 합니다.

> "내가 받는 고난으로 말미암아 여호와께 불러 아뢰었더니, 주께서 내게 대답하셨고 내가 스올의 뱃속에서 부르짖었더니, 주께서 내 음성을 들으셨나이다." (욘 2:2)

2:2은 비슷한 내용이 두 번 반복됩니다. 그 패턴은 요나가 여호와를 불렀고, 그분이 듣고 대답했다는 겁니다. 그래서 '스올의 뱃속'이란 표현은 '내가[요나가] 받는 고난'을 다른 말로 표현한 것입니다. '스올'의 의미에 대해서는 여러 논란이 있지만, 어느 정도 분명한 것은 그 표현이 요나가 죽음에 이를 만큼 고통스러웠던 고난과 관련되었다는 점입니다. 그렇다면 요나가 물고기 뱃속에 있었던 게 죽을 만큼 고통스러운 '심한 고난'이었다고 말하는 것일까요? 물론 물고기 뱃속에서 삼일을 있었다는 게 쉬운 일은 아닐 겁니다. 정상적으로는 큰 물고기 뱃속에서 삼일 동안 살아 있을 수는 없을 겁니다. 그러나 요나서 전체 문맥 속에서 큰 물고기가 요나를 삼킨 것은 기적적인 일로 표현되고 있습니다. 요나에게 고통을 주는 것이라기보다 요나에게 구원을 갖다 준 사건이라고 표현됩니다. 요나가 죽을 지경이 되었던 곳은 물고기 뱃속이 아니라, 오히려 바다에 던져져 물에 가라앉아 가던 깊은 물속이었습니다. 다시 말해, 요나는 바다 밑으

로 깊이 빠져 가면서 죽기 직전에 있었습니다. 그런 요나를 큰 물고기가 삼키자, 요나가 극적으로 구출되었습니다. 그렇다면 요나에게 고통을 주었던 곳은 '물고기 뱃속'이 아니라 '바다 물속'입니다. 거꾸로 말하면, 요나에게 있어 '물고기 뱃속'은 고난의 자리가 아니라 '구원의 자리'인 셈입니다. 그렇기 때문에 요나가 말한 '스올의 뱃속'은 지금 자기가 있는 '물고기 뱃속'이라고 보기 힘듭니다. 오히려 요나는 물에 가라앉아 가며 거의 죽음의 문턱에 이른 상황을 '스올의 뱃속'이라고 표현한 것 같습니다. 이제 2:2을 다시 읽어봅니다.

> 이르되, "내가 받는 고난으로 말미암아 여호와께 불러 아뢰었더니 주께서 내게 대답하셨고, 내가 스올의 뱃속에서 부르짖었더니 주께서 내 음성을 들으셨나이다." (욘 2:2)

물에 가라앉아 가며 고통 속에서 드린 기도

요나는 바다에 던져져 물에 가라앉아 가며 기도합니다. 바다 물속에 가라앉아 갈 때 죽음의 고통을 느끼며 기도를 드린 겁니다. 이것이 먼저 드린 기도입니다. 죽을 지경이 되어 정신이 혼미해져 가면서 기도를 드립니다. 이 내용이 2:4에 요약되고, 그것을 2:2과 2:7에서 다시 말합니다.

> "내가 말하기를, '내가 주의 목전에서 쫓겨났을지라도 다시 주의 성전을 바라보겠다.' 하였나이다." (욘 2:4) [' ' 안의 내용이 바다에 가라앉아 가며 드린 이전의 기도임]

이르되, "내가 받는 고난으로 말미암아 여호와께 불러 아뢰었더니 주께서 내게 대답하셨고, 내가 스올의 뱃속에서 부르짖었더니 주께서 내 음성을 들으셨나이다." (욘 2:2) [바다 물속에서 요나가 기도했다는 사실과 그 기도를 여호와께서 들으셨다는 내용]

"내 영혼이 내 속에서 피곤할 때에 내가 여호와를 생각하였더니, 내 기도가 주께 이르렀사오며 주의 성전에 미쳤나이다." (욘 2:7) [바다 물속에서 요나가 한 기도가 상달되었다는 것]

3) 요나가 했던 기도의 문맥 구조

요나가 드린 두 개의 기도를 더 잘 이해하려면, 이 기도를 체계적으로 분석할 필요가 있습니다. 다음의 도식은 요나가 했던 기도의 문맥 구조를 요약합니다.

1. 요나 자신의 고난과 구원을 묘사하며 기도함 (2:2-7)
   ... 내가 기도했더니, 나를 구원하셨습니다.
   (1) 2:2   요지: 내가 고난 중에 기도했더니, 여호와께서 구원하심
   (2) 2:3-6 구원의 과정을 구체적으로 묘사
      1) 2:3-4 1단계: 물에 던져짐과 그 직후 모습
         1〉 2:3 물에 던져진 이유와 물에 빠졌을 때의 모습
         2〉 2:4 요나의 반응: 물에 가라앉아 가며 드린 요나의
                  (첫 번째) 기도
      2) 2:5-6 2단계: 가라앉아 바다 밑까지 갈 때 모습
         1〉 2:5 물에 가라앉아 가는 모습

2〉 2:6　하나님의 반응: 바다의 밑에 거의 내려갔을 때

　　　　　여호와께서 구출하심

　(3) 2:7　정리: 내가 고난 중에 기도했더니, 그 기도가 도달됨

　2. 이런 고난과 구원에 대한 요나의 해석과 태도 (2:8-9)

　　(1) 2:8　헛된 것을 숭상하는 자를 비판

　　(2) 2:9　자신은 주를 섬길 것

도식 4.1. 요나의 기도(욘 2:2-9)의 문맥 구조 요약

　물고기 뱃속에서 하는 요나의 기도는 전체적으로 자신이 물에
빠질 때부터 물고기가 삼킬 때까지의 모습을 묘사합니다. 2:3-6의
내용이 바로 그것입니다. 요나가 물에 던져질 때부터 시작하여 요
나 자신이 물에 가라앉아 가는 모습, 결국 큰 물고기를 통해 구출
될 때까지를 묘사하고 있습니다. 그런데 그런 상황 묘사에 중요하
게 언급되는 게 있습니다. 다름 아닌 요나가 여호와께 기도를 했다
는 사실입니다. 그 기도가 2:4에 함축적으로 언급됩니다. 그리고
그런 요나의 기도가 (즉, 물에 빠져서 죽어 가는 상황에서도 말했
던 자신의 기도가) 여호와께 전달되었다는 점을 요나는 아주 강조
합니다. 이 강조는 특별히 2:2와 2:7에 반복되어 나타납니다. (요
나의 고난과 구출 사건을 묘사하는) 이 두 구절은 요나 기도의 본
론에 해당되는 2:2-6의 앞뒤에 있으면서, '서론의 요지'와 '결론의
정리' 형태를 취하고 있습니다. 마치 샌드위치 형태의 문학적 구조

를 만들고 있는 셈입니다.[6] (이런 문학적 기교를 보통 '인클루지오 [inclusio]' 라고 말합니다).

2:2 요지: 내가 고난 중에 기도했더니, 여호와께서 구원하심
2:3-6 자세한 설명: 구원의 과정을 구체적으로 묘사
2:7 정리: 내가 고난 중에 기도했더니, 그 기도가 도달됨

도식 4.2. 욘 2:2-7의 인클루지오 구조

2장 기도의 대부분(2:2-7)은 물에 빠져 죽어 가면서 했던 기도가 응답되었다는 사실을 서술합니다. 그 다음에 이어진 기도(2:8-9)의 초점은 자신을 구해 주신 여호와께 드리는 감사에 있습니다. 요나 자신의 구원에 대한 감사입니다(2:9). 그런데 그런 감사를 드리면서 요나가 함께 말하는 2:8의 내용이 또 중요합니다. 2:8에서 말하는 '거짓되고 헛된 것을 숭상하는 모든 자'가 누구를 지칭하는지는 분명하지 않습니다. 그럼에도 불구하고 명확한 부분은 요나가 자기 자신을 그들과 대비시키고 있다는 사실입니다. 자신은 자기 구원에 대해 감사를 드리고 서원을 갚는다고 말하지만, 그 사람들은 헛된 것을 숭상하며 (하나님이) 베푸신 은혜를 버렸다는 겁니다. 결국 어떤 사람들에 대해 부정적인 생각을 버리지 못하고 있습니다. 2:8-9에 등장하는 다음의 대비를 보시기 바랍니다.

---

6 참조. Alexander, *Jonah*, p. 113.

2:8 헛된 것을 숭상하는 모든 자는 베푸신 은혜를 버렸지만

2:9 나(요나)는   주께 감사하며 서원을 갚겠습니다.

(2) 요나의 기도: 자기 생각과 자기 연민의 기도

1) 물에 빠지면서 했던 첫 번째 기도: 회개가 빠진 결단의 기도

누가 요나를 고난에 처하게 했는가?

그렇다면 이제 요나가 했던 기도 내용을 좀 더 자세히 살펴 볼 차례입니다. 먼저 요나가 바다에 던져진 후 물에 가라앉아 가며 드렸던 첫 번째 기도를 생각해 봅니다. 그 기도의 핵심 내용은 2:4에 있다고 했였습니다.

"내가 말하기를 '내가 주의 목전에서 쫓겨났을지라도 다시 주의 성전을 바라보겠다.' 하였나이다." (욘 2:4)

이 기도에서 가장 재미있는 점은 요나 스스로가 '주의 목전에서 쫓겨났다'고 말하는 부분입니다. 자신이 선원들에 의해 지금 바다에 던져져 물에 빠져 가면서 하는 말이, '주의 목전에서 쫓겨났다'는 겁니다. 그렇다면 누가 요나를 주의 목전에서 쫓아낸 것일까요? 이점이 요나의 기도에는 애매모호하게 숨겨져 있습니다. 실제 요나가 폭풍을 만나게 되고 결국 바다에 던져진 이유는 요나 자신

때문이었습니다. 스스로가 '여호와의 낯을 피하여' 도망갔기 때문에 일어난 일이었습니다. 그래서 요나도 선원들에게 자기를 바다에 던지라고 말하였습니다. 그런데 의아하게도 요나는 물에 가라앉아 가면서 자신이 '쫓겨났다'고 말합니다. 더 이해가 안 되는 점은 2:3에 있습니다.

"주께서 나를 깊음 속 바다 가운데에 던지셨으므로, 큰 물이 나를 둘렀고 주의 파도와 큰 물결이 다 내 위에 넘쳤나이다." (욘 2:3)

요나는 자신을 바다에 던지신 분이 '주'라고 말합니다. 그래서 자기 위에 덮친 큰 파도는 결국 '주의 파도'였습니다. 그런데 이런 표현이 애매함을 불러일으킵니다. 언뜻 보면, 이 말이 신앙적인 모습으로 보일 수 있습니다. 자기 주변에 일어난 일이 그냥 일어난 게 아니라, 다 주의 뜻과 의도에서 일어났다고 고백하는 듯이 보이기 때문입니다.[7] 그냥 폭풍이 일어났다고 말할 수도 있지만, 사실은 주가 관할하시는 일이고 또 주가 실행하시는 일이라는 겁니다. 그래서 요나서 2장의 요나가 영적 민감함을 보여준다고 생각할지 모르겠습니다.

하지만 그와 정 반대로 생각하는 게 더 적절합니다. 실제 요나

---

7 실제 요나가 말한 이 내용은 시 88:6, 7의 내용과 유사합니다. 이 시편에서 저자는 자신이 당하는 고통을 주께서 허락하셨다고 하면서 그런 고난까지 허락하신 하나님에 대한 자신의 깊은 신앙심을 표현합니다. 그래서 시편 88편의 내용은 여호와에 대한 깊은 신뢰로 해석할 수 있습니다. 하지만 요나서의 경우는 약간 다릅니다. 이에 대한 답을 찾기 위해서는 4장의 세 번째 각주에서 언급한 것처럼, 요나서 2장에 있는 기도와 시편과의 관계를 밝혀야 합니다. 이 부분은 이 책에서 다루지 않습니다.

가 이 고난을 당하는 이유는 자신 때문입니다. 자기가 여호와의 뜻을 거역하고 도망갔기 때문에 당하는 일입니다. 여호와는 도망가는 요나를 설득하시려고 폭풍을 일으키셨습니다. 그런데 문제는 요나가 이런 폭풍을 당해 바다에 빠져 죽어 가면서도 자신이 잘못한 점에 대해서는 한 마디도 하지 않는 다는 점입니다. 주가 마련하신 폭풍이고 주의 파도이긴 하지만, 그것은 요나가 가진 잘못된 마음과 생각을 고치시려는 하나님의 조치였습니다. 그런데 요나는 그런 여호와의 지적에 꿈쩍하지 않습니다. 결국 자신이 스스로를 바다에 던진 셈이었는데, 주께서 자신을 던졌다고 합니다. 책망의 손가락이 자신을 가리키고 있지 않습니다. 요나는 바다에 던져져 가라앉아 가면서도 하나님의 마음을 헤아리지 않습니다. 2장은 하나님이 지적하시는 부분에는 전혀 꿈적도 하지 않는 요나를 묘사하고 있습니다.[8]

당당한 요나의 태도

이와 관련하여 요나가 했던 첫 번째 기도의 후반부(2:4b)를 더 생각해 봅니다. 여기서 요나는 스스로를 지조 있고 당당한 모습으로 묘사합니다.

> "내가 말하기를, '내가 주의 목전에서 쫓겨났을지라도 다시 주의 성전을 바라보겠다.' 하였나이다." (욘 2:4)

---

8 요나가 이미 요나서 1장에서 회개했다고 보는 견해에 대해서는 다음 장(章)에서 토의합니다.

자신이 쫓겨났지만, 그래도 굴하지 않겠다는 겁니다. 다시 주의 성전을 바라보는 해바라기가 되겠다는 말입니다. 어떤 어려움이 있더라도 자신의 절개는 여전하다는 말투입니다. 그런데 바로 이런 표현에 문제가 있습니다. 요나는 지금 잘못해서 벌을 받는 중이고, 자신의 잘못된 행동에 제재(制裁)를 받는 중입니다. 그런데 스스로 자신을 아주 절개가 굳은 사람처럼 묘사하고 있습니다. 요나에게 지금 필요한 것은 잘못에 대한 회개인데, 스스로 자신의 곧음을 내보이고 있습니다. 그렇기에 요나가 물속에서 가라앉아 가면서 한 기도가 과연 하나님의 마음을 온전히 따른 것인지 의문이 듭니다. 요나는 시종일관 자신의 회개에 대해 함구(緘口)하고 있기 때문입니다.

2) 물고기 뱃속에서 했던 두 번째 기도: 자기중심적 감사와 비교의 기도

그렇다면 물고기 뱃속에서 했던 두 번째 기도는 어떨까요? 언뜻 보면 긍정적인 듯이 보이기도 합니다. 왜냐하면 요나의 기도 속에 차분한 요나의 모습이 보이는 것 같기도 하고, 또 여호와의 구원을 언급하며 감사하는 목소리도 들리기 때문입니다. 하지만 자세히 들여다보면 여기서도 마찬가지로 요나의 마음이 하나님과 평행선을 그리고 있다는 점을 알 수 있습니다. 요나가 감사하며 찬양하는 이유는 결국 자신의 구원만을 생각했기 때문입니다.

하나님은 요나를 설득하시려고 폭풍을 보내셨습니다. 요나가 바다에 던져질 것을 예측하시고 요나를 살리려 미리 큰 물고기를 준비하셨습니다. 이는 모두 요나를 심판하려는 게 아니라 설득하시려는 것이었습니다. 이런 점은 니느웨 백성에게 멸망을 선언하셔서 그들이 회개하기를 바라신 것과 유사합니다. 요나가 죽는 것을 바라지 않고, 오히려 그에게 교훈을 주어 그 마음을 바꾸시는 게 목적이었습니다. 그런데 요나는 물에 빠져 죽어 가면서도 자신의 잘못을 회개하지 않습니다. 오히려 스스로를 당당하게 묘사하며 기도합니다. 여호와께서는 요나를 죽이려고 하지 않으셨기에, 미리 준비하신 물고기가 요나를 삼키게 하십니다. 그러나 요나는 자기가 했던 기도가 여호와께 상달되었다고 하면서 당당한 모습으로 감사의 기도를 드립니다. 자신과 니느웨 백성과의 싸움에서 하나님이 자기 손을 들어주셔서 판정승을 했다는 말투입니다.

하나님은 요나가 니느웨 백성들을 향한 마음을 바꾸기를 원하셨습니다. 그래서 폭풍과 물고기를 준비하셨습니다. 마치 4장에서 요나를 설득하시기려고 뜨거운 동풍과 벌레, 박 넝쿨 등을 준비하셨듯이 말입니다. (이에 대한 자세한 비교는 이 책 6장에서 하겠습니다.) 그러나 요나는 모든 관심이 온통 자신에게 가 있습니다. 자신의 구원에 대해서는 너무나 감사합니다. 그리고 자신의 기도가 상달되었다고 기뻐합니다. (실은 요나의 기도를 듣고 하나님이 물고기를 준비하신 게 아니라, 처음부터 하나님이 물고기를 준비하신 겁니다. 요나의 기도를 듣고 큰 물고기를 마련하시려 했다면 요나는 벌써 죽었을 것입니다). 그러나 요나는 하나님께서 정작 바라시는 니느웨 백성에 대한 이야기는 하지 않습니다. 자신이 그들을 거부했던 이야기도 하지 않습니다. 오히려 자신의 구원 사건을 근거로 하나님께 감사하고 찬양할 뿐 아니라, 다른 사람들을 비판의 눈으로 바라보며 넌지시 그들을 자신과 대조시킵니다. '무릇 거짓되고 헛된 것을 숭상하는 모든 자'와 자기는 완전히 다르다는 말입니다. 이들이 누구인지는 명확히 말하지 않습니다.[9] 하지만 분명한 것은 요나는 하나님을 섬기지 않는 다른 사람들을 철저하게 자신과 구별하면서 그들을 냉혹하게 비판한다는 사실입니다.

사실 요나가 경험한 폭풍과 파도의 재앙과 물고기를 통한 구원 사건은, 하나님께서 요나에게 주신 커다란 교보재인지 모릅니다. 요나가 잘못 했을 때에 하나님께서는 물고기를 통해 기적적으로 구원하셨듯이, 니느웨 백성의 악함도 이렇게 요나를 통해 기적적으로 구하시려 합니다. 두 경우 모두 하나님이 원하시는 것은 회개입니다. 하나님은 요나의 회개를 받고 싶으시고, 또 니느웨 백성의 회개를 받고 싶으십니다. 요나서 3장에서는 니느웨 백성이 회개를 합니다. 재앙에 대한 선언만으로도 그들은 돌아섭니다. 그런데 요나는 자기에게 내린 그 재앙을 죽기 직전까지 겪고서도 마음을 쉽사리 바꾸지 않습니다. 오히려 자신의 구원은 기뻐하며 감사하지만, 다른 사람들의 구원은 그 가능성도 생각하지 않습니다. 오히려 날선 정죄의 칼날을 보냅니다. 2:8-9은 요나의 이런 모순됨을 잘 보여줍니다.

---

9 어쩌면 이것이 이방인 전체를 가리킬 수도 있고, 1장에 등장한 이방 선원들을 암시할 수도 있을 것입니다. 그렇지만 요나서 전체의 흐름에 비추어 볼 때, 요나는 악한 니느웨 백성을 넌지시 암시하고 있다고 보는 것이 더 나을지도 모릅니다.

"거짓되고 헛된 것을 숭상하는 모든 자는 자기에게 베푸신 은혜를 버렸사오나, 나는 감사하는 목소리로 주께 제사를 드리며 나의 서원을 주께 갚겠나이다. 구원은 여호와께 속하였나이다." 하니라 (욘 2:8-9)

이것이 요나서 2장에 나타난 요나의 모습입니다. 겉으로는 요나가 하나님께 기도하고 있는 것 같아 보이지만, 스스로는 자신이 잘못한 부분을 뉘우치지 않고 원래 가지고 있던 마음을 (곧, 니느웨 백성이 멸망하기를 바라는 마음을) 바꾸지 않습니다. 요나는 요나서 3장이나 4장에서와 마찬가지로 하나님과 평행선을 그리고 있습니다. 하나님의 마음을 닮고 있지 못합니다. 요나는 아직도 다른 뜻을 품고 있으면서 자기 생각을 저 깊은 곳에 몰래 감추어 놓고 있습니다. 마치 요나 자신이 바다 속으로 깊이 가라앉았듯이 말입니다.

3) 기도 내용 정리
요나서 2장에 있는 요나의 기도를 간단히 정리하면 다음 표와 같습니다.

	욘 2:2-9	해설
2:2	이르되, 내가 받는 고난으로 말미 암아 여호와께 불러 아뢰었더니 주께서 내게 대답하셨고, 내가 스올의 뱃속에서 부르짖었더니 주께서 내 음성을 들으셨나이다.	내가 물에 가라앉아 가면서 기도한 내용을 여호와께서 들으시고 물고기로 나를 구원하셨습니다. [자신의 생각을 요약적으로 먼저 언급합니다].
2:3	주께서 나를 깊음 속 바다 가운데에 던지셨으므로 큰 물이 나를 둘렀고 주의 파도와 큰 물결이 다 내 위에 넘쳤나이다.	주께서 나를 막으시고 바다에 던지셔서, 내가 큰 파도 속에 빠지게 되었습니다.
2:4	내가 말하기를 내가 주의 목전에서 쫓겨났을지라도 다시 주의 성전을 바라보겠다, 하였나이다.	그때 나는, 내가 주님 앞에서 쫓겨난다고 할지라도 다시 주의 성전을 바라보겠다고 기도했습니다.
2:5	물이 나를 영혼까지 둘렀사오며 깊음이 나를 에워싸고 바다 풀이 내 머리를 감쌌나이다.	나는 계속 물(바다)에 가라앉아 내 영혼이 죽을 지경까지 되었습니다. 아주 깊게 바다 속으로 내려갔고, 그래서 바다 밑의 풀들 속에 감기게 되었습니다.
2:6	내가 산의 뿌리까지 내려갔사오며 땅이 그 빗장으로 나를 오래도록 막았사오나, 나의 하나님 여호와여 주께서 내 생명을 구덩이에서 건지셨나이다.	나는 결국 산과 연결되어 있는 바다 밑까지 빠졌었으며 거기서 있었습니다. 그런데 주께서 (큰 물고기를 통해서) 내 생명을 구해 주셨습니다.

2:7	내 영혼이 내 속에서 피곤할 때에 내가 여호와를 생각하였더니, 내 기도가 주께 이르렀사오며 주의 성전에 미쳤나이다.	(나는 이것이 나의 기도가 주님께 도달된 거라고 생각합니다.) 내가 죽을 지경이 되었을 때라도 여호와를 생각하고 기도한 것이 도달되었습니다.
2:8	거짓되고 헛된 것을 숭상하는 모든 자는 자기에게 베푸신 은혜를 버렸사오나	거짓된 것을 숭상하는 이방인들은 하나님께서 베푸신 은혜를 버립니다. [넌지시 니느웨 백성을 염두에 둔 것 같습니다].
2:9	나는 감사하는 목소리로 주께 제사를 드리며 나의 서원을 주께 갚겠나이다. 구원은 여호와께 속하였나이다, 하니라.	그러나 나는 하나님께서 나를 구원하신 은혜를 잊지 않습니다. 감사의 목소리를 높여 드리고, 서원을 갚을 겁니다. 왜냐하면 구원은 여호와께로부터 말미암기 때문입니다 (물론 니느웨 백성은 제외입니다).

표 4.1. 요나서 2장의 기도에 대한 간략한 해설

3. 정리: 요나가 했던 기도의 특징

요나의 기도가 지닌 특징을 정리합니다. 이 특징에는 2장의 요나가 하나님과 등지고 있다는 사실이 명확히 드러납니다.

(1) 회개 기도가 아님

첫째, 2장에 나타난 요나의 기도는 회개 기도가 아니라는 점입니다. 분명히 요나는 1장에서 하나님의 뜻을 따르지 않았고, 자기에게 말씀하신 여호와의 낯을 피해 다시스로 도망갔습니다. 그래서 여호와께서는 이를 저지하시고 결국 요나가 바다에 던져지도록 하셨습니다. 그런데도 요나는 그런 자신의 과거 행동과 마음에 대해서 (요나서 2장에서는) 한 마디도 언급하지 않습니다. 기도를 하는 중에 자신의 생각이 바뀌었다거나, 자신의 행동이 잘못된 것이었다고 고백하는 조그만 힌트도 남겨 놓지 않습니다.

(2) 자신의 구출 사건을 묘사하며 감사하는 기도

두 번째 특징은 요나가 자신의 고난과 구원에만 초점을 두고 있다는 사실입니다. 요나의 기도는 전체적으로 자신이 당한 고난과 그 회복을 묘사하면서, 자신에게 일어난 구원 사건에 대한 감사로 일관하고 있습니다. 그 기도는 '내가 받는 고난으로 말미암아'(2:2a)라는 말로 시작하고, '내 기도가 주께 이르렀사오며 주의 성전에 미쳤나이다.'(2:7b)라는 선언으로 정점(頂点)에 이르며, 자기의 구원에 대한 감사로 마무리됩니다(참조. 2:9). 자신의 고난이 가장 중요한 소재(素材)이고, 자신의 드렸던 기도가 전달되었다고 말하는 게 핵심 주제입니다. 그래서 자신이 여호와께 연결되어 있는 것에 감격하고 또 감사합니다.

(3) 자기중심적 기도: 하나님의 의도를 따라 기도하지 않음

그러기에 요나의 기도는 자연히 자기중심적인 성격을 지니고 있습니다. 자기 앞에 일어난 사건과 의미를 모두 자기를 중심적으로 이해하고 해석합니다. 그에게는 하나님께서 설득하려는 폭풍과 파도도 자신이 당하는 고난일 뿐입니다. 재앙에서 회복을 가르치려는 큰 물고기의 구원도 요나에게는 자기 기도의 대가일 뿐입니다. 그렇게 자기중심적으로 사건을 바라보고, 자기중심적으로 사건을 해석해 나갑니다. 이런 이해와 해석이 요나가 말한 기도의 근저(根底)에 자리 잡고 있습니다. 결국, 요나의 기도에는 하나님의 의도와 마음이 들어갈 자리가 없습니다. 요나를 설득하시려는 하나님의 매섭고도 따뜻한 손길이 거부되고, 니느웨 백성을 향한 하나님의 긍휼하심도 외면당합니다. 하나님께서 니느웨 백성을 향해 가지셨던 마음과는 상관없이, 요나는 시종일관 자기 기도를 합니다. 니느웨 백성의 회복과 회개를 바라는 요나의 마음은 그의 기도에서 찾아 볼 수 없습니다.

(4) 타인을 넌지시 정죄하는 기도

오히려 요나는 넌지시 타인을 정죄하는 자기 목소리를 크게 합니다. 자기 잘못으로 말미암았던 재앙을 하나님께서 거두시는 것을 경험했다면, 자신에게 베풀어진 자비가 다른 사람들에게도 전해져야 한다는 원리를 터득했을 법도 합니다. 하지만 요나는 아직도 다른 사람들에 대해 아주 냉혹합니다. 그 원리는 자신에게만 적용됩니다. 요나의 기도에는 자신의 우월함과 특권만이 진하게 배어 있습니다. 자신에게 적용된 구원을 말하고 나선, 곧 다른 사람들을 꼬집습니다. 하나님은 니느웨 백성을 향해 마음을 열고 계시는데, 요나는 아직도 배타 감정을 버리지 않습니다. 서슬 시퍼런 칼로 잘못하는 자를 내리치는 태도가 여전합니다. 하나님께서 자기에게 보이신 자비가 다른 사람에게 전달되기를 원치 않습니다. 이런 배타 감정은 요나서 3장, 4장에서 보았던 요나의 생각이나 모습과 달라 보이지 않습니다. 요나는 여기서도 하나님의 생각과는 멀리 있습니다.

(5) 신앙적인 것처럼 보이는 기도

그럼에도 불구하고 요나의 기도는 아주 종교적이고 신앙적으로 보입니다. 요나의 기도에는 '주'가 나오고 '감사와 찬양'이 등장하기 때문입니다. 그 뿐만이 아닙니다. 자신의 구원의 체험을 간증하고, 많은 성경 구절을 인용합니다. 그래서 겉으로는 신실한 것처럼 보입니다. 하지만 실제 내면이 하나님의 마음과 생각과 다르다는 사실을 잊어서는 안 됩니다. 요나는 아직도 하나님의 설득을 받아들이지 않습니다. 하나님의 설득에 따라 자신의 마음을 바꾸지 않았고, 하나님이 원하시는 진정한 선지자의 자리에 와 있지도 않습니다. 하나님의 생각은 하나님의 생각이고, 요나의 생각은 요나의 생각입니다. 요나가 2장에서 하고 있는 기도는 자기가 힘들었던 경험에 연민을 둔 채, 자기 생각을 그대로 고수한 자기주장의 기도입니다. 요나의 기도는 자기 생각과 자기 연민의 기도입니다.

5장 · 도피하는 요나 (요나서 1장)

5

여기까지 오면 요나서 전체를 바라보는 필자의 논지가 어느 정도 설명되었으리라 생각합니다. 요나가 지속적으로 여호와와 평행선을 그린다는 게 꽤 밝혀졌습니다. 특별히 요나서 2장과 3장의 요나가 하나님의 마음을 따라 움직이지 않고 아직도 자신의 처음 생각을 고수하고 있다는 사실이 이해의 새로운 지평을 열어줍니다. 하지만 이것만 가지고는 논지가 완성되지 않습니다. 요나서 1장을 아직 다루지 않았기 때문입니다. 물론 요나서 1장에는 요나가 불순종해서 도망간 사건이 분명하기에, 그다지 큰 논란이 없을 수도 있습니다. 하지만 1장 후반부의 요나가 자기 마음을 바꾸었는지 아니면 처음 생각을 그대로 지니는지를 논의할 필요가 있습니다. 왜냐하면 요나가 1장 끝에서 회개를 했다면, 요나서 2장에 요나의 회개 기도가 없다는 게 그다지 문제 되지 않을 수 있기 때문입니다. 요나가 1장 끝에서 회개한 후, 2장에서는 자신의 기도를 듣고 구원해 주신 여호와께 감사 기도를 드렸다는 식으로 논리를 펼 수 있습니다. 이런 점 때문에 요나서 1장도 그냥 쉽게 넘어갈 수 없습니다. 그래서 1장에 묘사되는 요나의 모습과 상태도 자세히 주목해야 합니다.

1. 요나의 모습

여태까지 했던 방식과 마찬가지로, 요나서 1장에 등장하는 요나의 모습을 4장에 묘사된 요나의 마음과 비교해 보는 것은 중요합니다. 니느웨 백성의 멸망을 바라는 요나의 마음이 1장에서도 동일하게 유지되고 있는가를 따지는 겁니다. 특별히 1장은 4장과 대비되고 비교되는 점이 많기에, 1장을 읽을 때 4장을 계속 염두에 두는 게 좋습니다.

(1) 도망가는 요나의 모습
요나서 1장 전반부에 등장하는 요나의 마음을 살피는 것은 그다지 어렵지 않습니다. 왜냐하면 본문이 요나의 생각을 보다 명확히 표현하고 있는 듯 보이기 때문입니다.

요나의 도망
1:1-2에는 여호와께서 요나에게 지시하시는 내용이 나옵니다. 저 큰 성읍 니느웨가 악하니 그곳에 가서 여호와의 메시지를 전하라는 것입니다.

여호와의 말씀이 아밋대의 아들 요나에게 임하니라. 이르시되, "너는 일어나 저 큰 성읍 니느웨로 가서 그것을 향하여 외치라. 그 악독이 내 앞에 상달되었음이니라." 하시니라 (욘 1:1-2)

그런데 놀랍게도 이런 여호와의 지시를 요나가 전면으로 거부합니다. 저자는 여호와의 명령에 이어지는 요나의 반응을 이렇게 기록하고 있습니다.

그러나 요나가 <u>여호와의 얼굴을 피하려고</u> 일어나 다시스로 도망하려 하여 욥바로 내려갔더니 마침 다시스로 가는 배를 만난지라, <u>여호와의 얼굴을 피하여</u> 그들과 함께 다시스로 가려고 배삯을 주고 배에 올랐더라. (욘 1:3)

요나가 도망간다고 합니다. 여호와께서는 요나에게 '일어나' 니느웨 성으로 가서 '외치라'라고 말씀하셨는데, 요나는 일어나서는 니느웨와 반대 방향인 다시스로 갔습니다. '도망가는' 겁니다. 그런데 그 도망도 '여호와의 낯을 피하여' 가는 거라고 두 번이나 반복하여 말합니다. 그렇기에 요나가 지금 여호와의 명령을 거부하며 불순종하고 있다는 사실은 어렵지 않게 알 수 있습니다. 저자는 1:3에서 이런 요나의 불순종을 재차 삼차 표현합니다.

도망간 이유
그런데 1:3에서 명확하지 않은 부분이 있습니다. 요나가 왜 여호와의 지시를 따르지 않고, 아예 여호와의 낯을 피하여 도망가느냐는 점입니다. 도망간다는 사실과 그것이 여호와를 피하려는 의도였다는 점은 아주 분명히 표현된 반면, 요나가 도망가는 내면의 이유는 명확하게 나타나지 않습니다. 요나가 불순종하는 행동은 분명하지만, 불순종하는 내면의 이유는 모호합니다. 그런데 이 이유는 요나서 4장에 가면 분명하게 드러납니다. 요나가 하나님께 기도하는 내용 중에 자신이 다시스로 도망간 이유를 스스로 밝히고 있습니다. 4:2입니다.

> 여호와께 기도하여 이르되, "여호와여, 내가 고국에 있을 때에 이러하겠다고 말씀하지 아니하였나이까? 그러므로 내가 빨리 다시스로 도망하였사오니, 주께서는 은혜로우시며 자비로우시며 노하기를 더디 하시며 인애가 크시사 뜻을 돌이켜 재앙을 내리지 아니하시는 하나님이신 줄을 내가 알았음이니이다." (욘 4:1-3)

이 기도에 따르면, 요나가 도망간 이유는 하나님이 자비로우셔서 니느웨에 재앙을 내리지 않으실 것 같았기 때문이었습니다. 다시 말해, 요나는 니느웨 성에 재앙이 내리길 바랐는데 여호와께서 혹시 마음을 바꾸어 그 성에 재앙을 내리지 않으실까 봐 그랬다는 겁니다. 결국, 요나가 처음에 다시스로 도망간 이유는 요나서 4장에서 요나가 니느웨의 회복 때문에 여호와께 화내면서 기도한 이유와 같습니다. 그래서 1:1-3에 나타난 요나의 생각과 마음은 4장에 등장하는 요나의 모습과 다르지 않습니다. 똑같이 하나님과 등지고 있는 모습입니다. 다만 4장에서는 그것이 말(기도)로 분명히 드러난 반면, 1장에서는 행동으로 나타나고 있습니다. 니느웨를 향하고 계시는 여호와를 등지고 반대편인 다시스로 갑니다.

요나의 내면 이유가 감추어진 사실

그런데 여기에 중요한 점이 있습니다. 1:1-3에서는 요나가 불순종하는 행동이 아주 분명히 드러나면서도 그렇게 행동하는 요나의 내면적 이유는 은연중 감추어져 있다는 사실입니다. 이것이 요나서 전체를 이해하는데 중요한 힌트가 됩니다. 사실 요나가 불순종하는 근본 이유는 요나서 4장 전까지는 명확하게 기술(記述)되지 않습니다. 요나서 1장부터 3장까지는 그 이유가 감추어져 있습니다. 그러다가 4장에 가서야 그 내면의 이유가 대대적으로 폭발합니다. 이런 흐름이 사실 요나서의 목적과 메시지를 이해하는데 중요합니다. (요나서 전체의 흐름과 그것이 알려주는 목적과 메시지는 이 책의 6장과 7장에서 자세히 살피겠습니다.) 그러나 이 장에서는 요나서 1장에 등장하는 요나의 모습에 초점을 맞춥니다.

(2) 폭풍을 만난 요나의 모습

1:1-3이 요나의 불순종을 보여준다면, 그 이후에는 어떨까요? 다시스로 가는 배를 타고 가다가 여호와께서 내리신 폭풍을 만났을 때, 과연 요나가 어떤 행동을 취하며 어떤 마음을 갖고 있었을까요? 이것이 두 번째 관심입니다.

1) 폭풍 속에서 잠자는 요나

폭풍 속에서 잠자는 요나

먼저 시선이 가는 부분은 몰아치는 폭풍 속에서도 깊은 잠을 자고 있는 요나의 모습입니다. 1:4은 여호와께서 폭풍을 일으키셔서 요나가 타고 가던 배가 거의 깨어지게 된 상황을 보여줍니다.

> 여호와께서 큰 바람을 바다 위에 내리시매 바다 가운데에 큰 폭풍이 일어나 배가 거의 깨지게 된지라. (욘 1:4)

만일 이 모습을 영화로 만들었다면, 아주 시끄러운 음향 효과가 등장했을 겁니다. 폭풍 소리와 심한 파도 소리가 나고, 거센 파도가 배를 때리며 물이 배 안으로 들어오는 모습입니다. 화면이 흔들리면서 아주 급박히 돌아가는 상황이 벌어졌을 겁니다. 그 배 안에 있는 선원들은 고함을 지르며 빨리 행동합니다.

> 사공들이 두려워하여 각각 자기의 신을 부르고 또 배를 가볍게 하려고 그 가운데 물건들을 바다에 던지니라. (욘 1:5a)

그런데 이런 분주함과 급박함과는 전혀 다르게 요나는 배 밑에서 잠자고 있습니다. 선원들은 자신들이 할 수 있는 모든 일을 다 하면서 발을 동동 구르고 있는데, 요나는 천연덕스럽게 그 심한 폭풍 속에서 잠자고 있습니다. 이것이 영화의 한 장면이었다면, 요나가 배 밑에서 잠자고 있는 모습을 비추는 순간, 화면이 누워 있는 요나의 모습에 잠시 멈추었을 것 같습니다. 음향 효과도 갑자기 바뀌었을 겁니다. 커다란 폭풍과 거의 깨지게 된 배와 분주한 선원들과는 다른 너무나도 대조적인 요나의 모습입니다. 요나는 깊이 잠자고 있었습니다.

> 그러나 요나는 배 밑층에 내려가서 누워 깊이 잠이 든지라. (욘 1:5b)

이런 대조적인 요나의 모습은 과연 무엇을 암시할까요? 1:1-3과 마찬가지로 여기서도 요나의 행동은 분명히 묘사되지만 그의 생각과 마음은 구체적으로 표현되지 않습니다. 요나의 마음이 무엇인지 저자가 토를 달지 않는다는 말입니다. 그래서 전후 상황과 몇 가지 다른 실마리를 가지고 요나의 마음을 거꾸로 추적할 수밖에 없습니다. 그런데 문제는 이런 요나의 모습을 해석하는 두 가지 상반된 시각이 있을 수 있다는 겁니다.

긍정적 시각: 신실하기 때문에 평안한 요나

그 하나는 요나를 아주 긍정적으로 보는 시각입니다. 심한 폭풍 속에서도 요나가 깊이 잠을 잘 수 있었던 이유는 그가 가진 평안함 때문이라고 보는 겁니다. 요나는 여호와 하나님을 아는 사람이었기에 이런 폭풍에 그다지 쉽게 마음이 흔들리지 않았다는 말입니다. 나중에 요나가 선원들에게 하는 말에 그런 힌트를 발견할 수 있습니다.

그[요나]가 대답하되, "나는 히브리 사람이요, 바다와 육지를 지으신 하늘의 하나님 여호와를 경외하는 자로라." 하고 (욘 1:9) ([ ]안은 필자가 넣은 것입니다).

요나는 하나님께서 바다와 육지 모두를 지으신 분이라고 확신하고 있었기에, 바다에서 일어나는 폭풍도 모두 하나님께 속해 있다고 믿고 있었습니다. 그래서 그런 확신과 믿음이 요나에게 평안함을 줄 수 있었다고 보는 겁니다.

이런 생각 자체는 어떤 면에서는 타당합니다. 하나님을 신뢰하는 자는 평안함을 가질 수 있습니다. 예를 들어, 예수님의 제자들은 예수님과 함께 배를 타고 가면서 폭풍 속에서 호들갑을 떨었지만, 예수님은 평안히 주무셨습니다(참조. 막4:35-41; 눅8:22-25). 그러나 문제는 예수님의 경우와 요나의 경우를 같이 놓고 비교할 수 없다는 데 있습니다. 예수님은 하나님을 전적으로 신뢰하시고 또한 그분 스스로가 그런 폭풍을 잠재우실 수 있는 분이셨습니다. 그러나 지금 요나는 한 선지자일 뿐 아니라 또한 여호와의 낯을 피해 도망하고 있는 상황입니다. 바로 앞부분에서는 요나가 여호와를 피해 도망가고 있었는데, 곧 이어진 문단에서는 요나가 참 믿음을 가지고 폭풍 앞에서도 담대했다고 보는 건 좀 어색합니다. 요나는 도망가고 있는 중이었기에, 이런 폭풍을 만나면 오히려 태도가 좀 달라졌어야 합니다. 마치 '도둑이 제 발 저리다'는 말처럼, 주위에 조금만 상황이 이상하게 변해도 그런 상황을 자신의 잘못과 연관시키는 것이 오히려 자연스럽습니다. 그래서 이렇게 태연한 요나의 모습을 긍정적으로 바라보기는 어렵습니다.

부정적 시각: 요나의 영적 무지

다른 하나는 1:1-3과 유사하게 여전히 요나를 부정적으로 보는 시각입니다. 의미심장한 힌트는 1:4에 나타나는 '여호와'란 말에 있습니다. 저자는 지금 일어난 폭풍이 '여호와'께서 일으키신 것이라고 말하고 있습니다. 여호와께서 요나에게 명령하시는데(참조. 1:1-2), 요나가 그 여호와의 명령을 따르지 않고 도망갑니다(참조. 1:3). 하나님의 지시와 그에 대한 요나의 행동이 대조됩니다. 그런데 그 다음 1:4에 다시 여호와의 행동이 등장합니다. 여호와께서 배를 타고 도망가는 요나를 향해 폭풍을 일으키십니다. 요나가 말없이 그냥 도망가니까, 여호와께서도 이제 행동으로 보이십니다. 요나가 마침 만난 배를 의지하니까, 그 배가 떠 있는 바다에 폭풍을 보내십니다. 원래 히브리어 문장은 동사가 먼저 나오고 주어가 나중에 나오는 것이 상례입니다. 그런데 히브리어 성경의 1:4에는 주어인 '여호와'라는 부분이 도치되어 문장 맨 앞에 나와 있습니다. 이 폭풍이 여호와로부터 왔다는 점을 더욱 강조하려는 의도 때문일 겁니다.[1] 요나의 행동과 여호와의 행동을 대비시킵니다. 그렇기 때문에 여호와께서 일으킨 폭풍 속에서 요나가 잠자고 있었다는 사실은, 요나의 신실함을 증명하기보다는 요나의 영적 무지를 반증한다고 보는 게 낫습니다. 지금 잠자고 있는 요나는 긍정적이기보다 부정적으로 묘사됩니다.

두 번째 힌트는 선장이 요나에게 하는 말에 있습니다. 한글 개역 성경으로는 그 힌트를 분명하게 보기 힘들지만, 히브리어 성경으

---

1 참조. Alexander, *Jonah*, p. 102.

로는 요나에 대한 부정적 느낌을 보다 쉽게 찾을 수 있습니다. 1:6에서 그 배의 선장은 요나에게 '일어나서 네 하나님께 구하라'라고 나무랍니다. 물론 이는 배가 가라앉을 것 같은 상황에서 요나가 태연히 잠을 자기에 선장이 하는 말입니다. 그러나 선장의 이 말에 이중적인 암시가 들어 있다는 점이 중요합니다. 선장의 이 말은 처음에 하나님께서 요나에게 하신 명령을 상기시키는 말투이기 때문입니다. 여호와께서는 요나에게 '일어나라'('쿰', קוּם) 그리고 니느웨 성에 가서 '외치라'('크라', קְרָא)라고 말씀하셨습니다(1:2). 그런데 선장이 잠자는 요나를 깨우며 하는 말이 '일어나라'('쿰', קוּם) 그리고 '구하라'('크라', קְרָא)라고 말합니다(1:6). 선장이 말한 이 두 단어는 히브리어로는 여호와께서 요나에게 명령하신 말과 같은 단어 입니다.[2] 그러니까 이 요나서를 읽는(듣는) 이스라엘 사람들은 여호와께서 요나에게 먼저 명령하신 점을 선장의 입을 통해서 상기하게 됩니다. 물론 선장의 입장에서는 폭풍으로 배가 위험에 처한 상황에서 요나를 깨우며 하는 말입니다. 하지만 이런 단어를 선택한 저자는 요나의 지금 상태가 이스라엘의 선지자로서 문제가 있다는 점을 은근히 암시합니다. 요나가 배 밑에서 잠자는 모습은 그의 영적인 잠을 은근히 빗댄 것이고, 선장의 말은 '그런 영적인 잠에서 깨어나 하나님께서 주신 명령을 다시 기억하라'라는 암시로 작용합니다. (물론 선장이 그런 의도를 가졌다는 게 아니

---

2 한글 개역성경은 '크라'(קְרָא)라는 단어를 욘 1:2과 1:6에서 다르게 번역하고 있지만 ('외치라'[1:2], '구하라'[1:6]), 히브리어 성경으로는 같은 단어입니다.

라, 저자가 암묵적인 말장난을 하고 있다는 겁니다.)[3]

그뿐 만이 아닙니다. 선장의 말은 또 다른 무엇인가를 생각하게 하는 면이 있습니다. 요나의 잘못된 행동으로 말미암아 지금 이방인의 배와 그 배에 탄 모든 선원이 재앙을 만나게 되었습니다. 그런데 그 재앙을 만난 배의 선장이 요나에게 촉구합니다. '너의 하나님께 구하라. 혹시 하나님이 우리를 생각해서 망하지 않게 하실 수 있지 않겠느냐?'라고 요구합니다. 선장의 이 말은 요나서 3장의 니느웨 왕의 말과 어떤 점에서 통하는 면이 있습니다. 니느웨 왕도 말하기를, '혹시 하나님께서 우리를 망하지 않게 하실지 누가 알겠느냐?'라고 했습니다. 요나는 하나님의 의도를 따라 니느웨 백성이 재앙으로 망하지 않도록 회개의 메시지를 바르게 전해야 했습니다. 그런데 요나는 순종하지 않았습니다. 니느웨로 가라는 명령을 저버린 직무 유기로 말미암아 니느웨 백성이 맞이할 재앙은 더 가까워졌습니다. 그런데 이와 유사하게 요나의 직무 유기 때문에 이방 선원들도 폭풍의 재앙을 맞이합니다. 그때 그 이방 배의 선장이 요나에게 재앙이 면제될 가능성을 언뜻 비춥니다. 마치 니느웨 왕이 재앙의 회복에 기대를 걸고 있는 모습과 유사합니다. 이런 점에서 요나에게 하는 선장의 말과 니느웨 왕의 말에는 뭔가 공명(共鳴)되는 점이 있습니다. 선장과 니느웨 왕의 말을 같이 읽어 봅니다.

---

3 참조. Jonathan Magonet, *Form and Meaning: Studies in Literary Techniques in the Book of Jona* (Sheffield: The Almond Press, 1983), p. 17, esp. n. 17. 또는 하나님께서는 그 선장의 입을 통해 요나가 잘못된 점을 깨닫기 원하셨다고 볼 수도 있습니다.

(선장의 말입니다)

선장이 그에게 가서 이르되, "자는 자여 어찌함이냐? 일어나서 네 하나님께 구하라! 혹시 하나님이 우리를 생각하사 망하지 아니하게 하시리라." 하니라. (욘 1:6)

(니느웨 왕의 말입니다)

"힘써 하나님께 부르짖을 것이며 각기 악한 길과 손으로 행한 강포에서 떠날 것이라. 하나님이 뜻을 돌이키시고 그 진노를 그치사 우리가 멸망하지 않게 하시리라. 그렇지 않을 줄을 누가 알겠느냐?" 한지라. (욘 3:8b-9)

결국, 폭풍 속에서 요나가 깊이 잠든 모습은 그의 신실함을 나타내기보다는 영적으로 둔감한 상태를 알려줍니다. 요나는 여호와의 낯을 피하여 도망갔고, 하나님이 자기를 반대하여 일으키신 폭풍에도 꿈적하지 않고 잠만 잤습니다. 폭풍이 일어났어도 하나님을 향한 요나의 평행선은 여전합니다.

2) '나는 여호와를 경외하는 자요'

나는 여호와를 경외하는 자입니다

그렇다면 잠에서 깬 요나의 모습은 어떨까요? 여호와께서 폭풍을 일으키셨음을 이제는 깨닫고 자신의 잘못을 회개하고 있을까요? 이 점을 살피기 위해선 잠 깬 후에 요나가 대답한 두 가지 말에 시선을 돌릴 필요가 있습니다. 1:9과 1:12입니다.

> 그[요나]가 대답하되, "나는 히브리 사람이요, 바다와 육지를 지으신
> 하늘의 하나님 여호와를 경외하는 자로라." 하고 (욘 1:9) ([ ]안은 필
> 자가 넣은 것).

> 그[요나]가 대답하되, "나를 들어 바다에 던지라. 그리하면 바다가 너
> 희를 위하여 잔잔하리라. 너희가 이 큰 폭풍을 만난 것이 나 때문인
> 줄을 내가 아노라." 하니라. (욘 1:12)

1:9부터 먼저 살핍니다. 선원들이 각자의 신을 부르고 싣고 있
던 짐을 버려 배를 가볍게 만들어도 배는 여전히 위태로웠습니다.
그러자 선원들은 뭔가 다른 방법으로 이 문제를 해결해 보려 합
니다. 과연 누구로 인해서 이런 재앙이 왔냐는 겁니다. 그래서 제
비를 뽑았는데, 요나가 뽑혔습니다. 모든 시선은 요나에게로 몰리
고, 사람들은 요나에게 묻습니다. 도대체 왜 이런 재앙이 우리에
게 왔으며, 너는 어느 나라 사람이고 무엇을 하는 사람이냐? 그때
요나가 대답합니다.

> 그[요나]가 대답하되, "나는 히브리 사람이요, 바다와 육지를 지으신
> 하늘의 하나님 여호와를 경외하는 자로라." 하고 (욘 1:9)

그뿐 만이 아닙니다. 직접 화법의 형태로는 말하지 않았지만, 요

나는 자신이 여호와의 낯을 피하고 있었다는 사실을 그들에게 알립니다. 무리는 이런 사실을 알게 되자 심히 두려워합니다. 그래서 요나에게 책망과 한탄조로 말합니다.

> 자기가 여호와의 얼굴을 피함인 줄을 그들에게 말하였으므로 무리가 알고 심히 두려워하여 이르되, "네가 어찌하여 그렇게 행하였느냐?" 하니라. (욘 1:10)

여기에 또 다른 문제가 생깁니다. 이런 요나의 모습을 어떻게 해석해야 하느냐는 겁니다. 요나가 지금 회개를 하고 있는 건지, 아니면 아직도 마음을 바꾸지 않고 있는 건지, 도대체 어떤 쪽으로 해석해야 하느냐는 겁니다.

긍정적 시각: 신앙인임을 담대히 밝히는 자?

앞에서와 마찬가지로 요나의 말을 요나의 훌륭한 신앙 고백으로 보는 견해가 있을 수 있습니다. 요나가 지금 각자 자기 신을 부르는 이방 선원들 앞에서 담대하게 자기가 섬기는 신을 분명히 밝힌다는 겁니다. 선원들은 폭풍이 나자 각자 자기들의 신을 불렀습니다(참조. 1:5). 그래도 해결이 안 되자 제비를 뽑았고 요나가 뽑혔습니다. 그런 상황에서 요나의 직업과 출신을 묻습니다. 그때 요나가 담대하게 '나는 히브리 사람입니다'라고 대답합니다. 히브리인이라고 말을 할 뿐 아니라, 바다와 하늘의 지으신 하나님을 섬기는 사람이라고 자신을 설명합니다. 즉, 자신이 궁지에 몰려 추궁을 당하는 상황임에도 불구하고, 당당하게 자신이 여호와를 섬긴다고 밝힌다는 겁니다. 담대하게 여호와를 고백하는 신앙이라고 보는 시각입니다. 요나의 이 말을 신실한 신앙인의 모습과 태도로 생각하는 분들이 있습니다. 마치 우리 현실에서 (직장이나 학교에서) 당당하게 자신이 신앙인임을 밝혀야 하는 것처럼, 요나도 그 어려운 상황 속에서 자신이 히브리인이며 하나님을 섬기는 자라는 걸 떳떳이 드러냈다는 겁니다.

그러나 이런 시각에는 문제가 있습니다. 왜냐하면 요나는 지금까지 계속 영적인 소경처럼 묘사되어 왔습니다. 하나님의 생각을 반대했기 때문에 다시스로 도망가는 중이었고, 또 하나님이 자신을 막기 위해 일으킨 폭풍에도 모른 채 잠들고 있었던 사람이었습니다. 그런데 갑자기 이제 자신이 하나님을 섬기는 자라고 담대한 신앙을 내 보이는 모습은 뭔가 이상해 보입니다. 물론 요나가 제비에 뽑히게 되자, '진짜, 내가 잘못했구나!'라고 생각했었을 가능성은 있습니다. 하지만 그런 점을 넘겨짚기 전에 몇 가지를 더 살펴봐야 합니다.

부정적 시각: 나는 여러분들과 다릅니다.

① '두려워하다'는 단어의 대비

첫째로 요나가 스스로 '나는 하나님 여호와를 경외하는 자입니다'라고 말한 것을 좀 더 생각해야 합니다. 요나가 하나님을 '경외하다'라고 쓴 히브리 단어는 '야레'(יָרֵא)인데, 이 단어는 요나서 1

장에서 어미만 바뀐 형태로 세 번 더 나타납니다. 1:5, 10, 16에서 선원들이 '두려워했다'라고 말할 때 쓰였습니다. 이 단어에는 어떤 것을 무서워하여 '두려워하다'라는 뜻도 있고(예컨대, 창 19:30; 출 2:14; 단 1:10 등), 또 여호와를 '경외하다' '섬기다'라는 뜻도 있습니다(예컨대, 수 24:14; 왕하 17:33, 35, 41; 신10:12-13 등).[4] 1:9에서 요나가 이방 선원들에게 한 말은 '공포심으로 두려워하다'는 뜻이라기보다는 '여호와를 경외하다'라는 뜻으로 보는 게 낫습니다.[5]

그런데 흥미로운 건 저자가 이 단어로 일종의 아이러니(irony)를 만든다는 점입니다. 저자는 의도적으로 이 단어를 요나와 선원들 모두에게 사용하면서 요나의 모습과 어떤 대비를 보이려합니다. 하나님께서는 요나 때문에 큰 폭풍을 일으키셨는데 요나는 그것을 두려워하지 않았습니다. 하나님께서 일으키신 폭풍을 두려워했던 사람은 요나가 아니라 선원들이었습니다(참조. 1:5). 요나는 오히려 잠을 잡니다. 그런 무지함을 비꼬기라도 하듯 선장은 그를 깨우며 일어나 구하라고 요청합니다. 선장의 이 말은 이전에 요나가 하나님께 들었던 명령을 은연중에 연상시키는 장치입니다. 이방 선장의 말을 통해 요나는 하나님의 말씀을 거꾸로 기억하게

---

4 이 단어가 가진 다양한 뜻을 위해서는 다음의 사전을 참조하시기 바랍니다. Willem A. VanGemeren, *New International Dictionary of Old Testament Theology and Exegesis*, vol. 2 (Carlisle: Paternoster, 1997), pp. 527-533.

5 표준새번역은 욘 1:9의 이 단어를 '섬기다'라는 뜻으로 번역했고, 공동번역은 '공경하다'라는 뜻으로 번역하였습니다. 영어 번역본 중에는 KJV, RSV, RV가 'I fear'라고 번역한 반면, NRSV, GNB, JB, NEB 등은 'I worship'이라고 번역했습니다.

됩니다. 이것이 요나의 상태였습니다. 그런 요나가 제비에 뽑혀 추궁을 당합니다. 그래서 어쩔 수 없이 선원들 앞에서 이야기합니다.

> "나는 히브리 사람이요, 바다와 육지를 지으신 하늘의 하나님 여호와를 경외하는 자로라." (욘 1:9)

이것이 해학(諧謔)을 만듭니다. 여태까지 영적인 둔감했던 사람이 이제 모든 게 들통나니까, 자신이 여호와를 섬기는 자라고 말하고 있습니다. 그러니까 요나서 저자는 '야레'(אֵרָ, 두려워하다, 경외하다)'라는 단어를 대비적으로 사용하면서, 요나가 지금 얼마나 웃기는 상황을 만드는지를 넌지시 비꼽니다. 요나의 잘못으로 인해 일어난 폭풍에 요나는 두려워하지 않았고 오히려 선원들이 두려워했습니다. 그런데 이제 그 폭풍의 원인이 밝혀지자 요나가 하나님을 '경외한다(두려워한다)'고 말하고 있습니다. 웃기는 상황이 벌어지는 겁니다. 물론 선원들이 처음부터 여호와를 두려워한 건 아닙니다. 처음엔 폭풍의 위력을 알고 있기에 두려움에 떨었습니다. 하지만 요나서 1장이 점점 진행되어가면서 그들의 두려움은 더 증폭되었고, 결국은 '여호와를 크게 두려워하는'(참조. 1:16a) 쪽으로 발전하게 되었습니다. 결국, 폭풍을 일으키신 하나님의 손길을 두려워한 사람은 요나가 아닌 선원들이었고, 폭풍이 나중에 멈추자 또한 여호와를 두려워한 (또한 경외심을 가진) 사람도 이 선원들이었습니다. 선원들의 두려움이 발전해 가는 모습을 보시기 바랍니다.

사공들이 두려워하여 각각 자기의 신을 부르고 또 배를 가볍게 하려고 그 가운데 물건들을 바다에 던지니라. 그러나 요나는 배 밑층에 내려가서 누워 깊이 잠이 든지라. (욘 1:5)

자기가 여호와의 얼굴을 피함인 줄을 그들에게 말하였으므로 무리가 알고 심히 두려워하여 이르되, "네가 어찌하여 그렇게 행하였느냐?" 하니라. (욘 1:10)

그 사람들이 여호와를 크게 두려워하여 여호와께 제물을 드리고 서원을 하였더라. (욘 1:16)

이와 같이, 요나서 저자는 동일한 단어('야레', ירא, '두려워하다', '경외하다')를 요나와 선원들에게 같이 사용하면서 대비를 만들고, 그 대비를 통해 요나의 잘못된 모습을 넌지시 비꼬고 있습니다. 저자는 이런 아이러니로 요나가 아직도 하나님 앞에서 마음을 바꾸지 않고 자기 자랑을 하는 사람임을 은근히 지적합니다. 요나는 참 선지자의 표적도 보이지 못하면서, 이방인들 앞에서는 하나님을 경외한다고 말합니다. 자신과 이방인을 구분하며, 자신은 창조주 여호와 하나님을 섬긴다고 자부합니다. 이런 요나의 모습은 요나가 처음에 여호와의 말씀을 들었을 때부터 '니느웨' 백성과 자신을 구별하려 했던 태도와 크게 다르지 않습니다.

② 직접화법과 간접화법
요나의 마음이 바뀌지 않았다고 볼 수 있는 또 다른 증거는 저자

가 쓰고 있는 화법의 선택에 있습니다. 요나가 자기 신분을 밝히는 부분에는 요나가 직접 말하는 직접화법의 형태로 되어 있습니다(참조. 1:9). 반면 요나가 여호와를 피해 도망가는 점을 선원에게 전하는 내용에는 간접화법이 사용됩니다(참조. 욘1:10a). 물론 간접화법으로 되어 있는 부분도 요나가 직접 선원들에게 말을 했을 겁니다. 그러나 중요한 점은 저자가 하나는 직접화법의 형태로 또 다른 하나는 간접화법의 형태로 기록한다는 사실입니다. 이런 것이 뭐 그리 중요한가, 라고 생각할지도 모릅니다. 하지만 좀 더 세밀하게 관찰하다 보면 이런 차이를 통해서 요나서 저자가 전하고 싶은 뉘앙스를 잘 알게 됩니다. 이것을 제대로 이해하려면 약간 복잡한 설명이 필요합니다.

제비 뽑힌 요나에게 선원들이 질문 했던 내용은 크게 두 가지였습니다. 첫째는 '어떤 이유 때문에 이런 재앙이 우리에게 임했는가?'였고, 둘째는 요나의 신분과 직업을 묻는 것이었습니다. 그런데 저자가 이 대답을 기록하는 방식이 재미있습니다. 첫 번째 질문이었던 재앙의 이유에 대해서 먼저 쓰지 않습니다. 사실 선원들의 입장에서 지금 급박한 것은 폭풍으로 죽을 것 같은 상황입니다. 그래서 도대체 왜 이런 일이 일어났는지를 요나에게 먼저 질문 합니다 (참조. 1:8a). 그런데 저자는 이 첫 번째 질문보다 두 번째 질문에 대한 요나의 답을 먼저 기록합니다. '나는 창조주 여호와를 섬기는 사람입니다'라는 것입니다. 그 후에 요나가 여호와의 낯을 피하고 있다는 사실에 대해 언급합니다.

이렇게 대답의 순서가 바뀐 이유를 생각해 볼 필요가 있습니다.

요나는 재앙의 이유에 답하기보다, 자신이 여호와를 섬기는 사람이라는 답을 먼저 합니다. 물론, 답의 논리적인 순서 때문에 이렇게 말했다고도 볼 수 있습니다. 요나 자신이 어떤 사람인지를 설명해야 그 다음에 이런 재앙의 이유를 설명할 수 있다는 말입니다. 하지만 그 보다 더 적절한 이유는 요나와 선원들의 관심과 초점이 다르다는 사실에 있습니다. 선원들은 (지금 배가 가라앉을 지경이기에) '재앙의 이유'에 가장 큰 관심이 있는데, 요나는 '자신의 자랑스러운 정체성'을 밝히는 게 중요합니다. 그래서 요나의 답변에는 순서가 바뀌고 전달 방식도 다르게 나타납니다. 자기 정체성이 먼저 나오고, 그것도 '직접화법'으로 나옵니다. 선원들의 가장 큰 관심인 재앙의 이유는 뒤에 간접화법으로 약화되어 언급될 뿐입니다(참조. 1:10a). 이런 대비를 본문을 직접 읽으면서 다시 보시기 바랍니다.

(요나가 직접 말하는 형태: 요나의 신분에 대해)

그[요나]가 대답하되, "나는 히브리 사람이요, 바다와 육지를 지으신 하늘의 하나님 여호와를 경외하는 자로라." 하고 (욘 1:9)

(요나의 말이 간접적으로 표현된 형태: 재앙의 이유에 대해)

자기가 여호와의 얼굴을 피함인 줄을 그들에게 말하였으므로 무리가 알고 심히 두려워하여 이르되, "네가 어찌하여 그렇게 행하였느냐?" 하니라. (욘 1:10)

첫 번째 질문인 재앙의 이유는 간접화법으로 (뒤에) 기록되어 있고(1:10a), 두 번째 질문인 요나의 신분은 요나가 직접 (두 질문 중에 먼저) 말한 것으로 되어 있습니다(1:9). 선원들은 '재앙의 이유'를 알고 싶은데, 요나는 '자신이 여호와를 섬긴다.'는 사실을 강조합니다.

저자는 이런 대비를 통해 요나가 아직도 하나님의 지적과 설득을 온전히 받아들이지 않고 있음을 암시하려 합니다. 요나는 2장의 기도에서 본 것처럼, 자신과 다른 사람들을 대비하는 마음을 갖고 있습니다. 자신은 다르다는 겁니다. 선원들은 바다에 일어난 폭풍에 두려워하고 있는데, 자신은 그 선원들이 고생하고 있는 이 '바다'와 이 폭풍이 일어난 그 '하늘'을 지으신 분을 섬긴다고 말합니다. 요나가 말한 직접화법 속에는 폭풍을 두려워하는 선원들을 은근히 비꼬는 말투가 서려 있습니다. 요나는 자신의 두려워함과 선원들의 두려움을 은근히 비교하며 과시하지만, 실제는 거꾸로 입니다. 선원들은 하나님께서 일으키신 폭풍을 두려워했고, 요나는 그 하나님의 손길과 간섭을 두려워하지 않았습니다. 그런데 요나는 자기가 하나님을 두려워하고 (즉, 경외하고) 있다고 말합니다. 이런 아이러니를 만들면서 저자는 요나가 아직도 자기 생각에서 벗어나고 있지 못함을 은근히 알립니다. 회개의 고백은 분명히 하지 않으면서, 자기 자긍심의 기치는 세웁니다. 자신이 하나님을 두려워한다고 (경외한다고) 말하지만, 실상 1장의 끝에서 여호와를 두려워하는 (경외하는) 사람으로 남는 인물은 선원들입니다.

그 사람들이 <u>여호와를 크게 두려워하여</u> 여호와께 제물을 드리고 <u>서원을 하였더라.</u> (욘 1:16)

③ 잘못한 점을 밝히는 사람은 요나가 아니라 선원들

이런 점과 관련하여 세 번째 힌트를 생각해 볼 수 있습니다. 그 힌트는 요나가 잘못했다는 점을 분명히 밝히는 사람이 요나 자신이 아니라 선원들이라는 사실입니다. 요나는 자신의 입으로 직접 자신이 여호와를 섬긴다고 말합니다. 자신의 잘못은 시인하지 않습니다. 다만 자신이 여호와의 낯을 피하고 있다는 점만 간단히 언급합니다. 본문을 다시 읽으면서 이 부분을 면밀히 보시기 바랍니다.

(요나가 직접 말하는 형태)

그[요나]가 대답하되, "<u>나는</u> 히브리 사람이요, 바다와 육지를 지으신 <u>하늘의 하나님 여호와를 경외하는 자로라.</u>" 하고 (욘 1:9)

(요나의 말이 간접적으로 표현된 형태)

자기가 <u>여호와의 얼굴을 피함인 줄을</u> 그들에게 말하였으므로 (욘 1:10a)

요나가 자기 잘못을 시인했었다는 사실을 이 구절들에서는 찾을 수 없습니다. 다만 자신이 여호와를 피했다는 점만을 언급할 뿐입니다. 그런데 이에 대한 선원들의 말은 다릅니다. 요나가 그렇게 한 행동이 큰 문제요, 잘못이라는 겁니다. 그래서 이렇게 반문합니다.

무리가 알고 심히 두려워하여 이르되, "네가 어찌하여 그렇게 행하였느냐?" 하니라. (욘 1:10b)

재앙의 이유가 밝혀지는 순간까지도 요나는 자기 잘못을 분명히 고백하지 않습니다. 오히려 스스로 하나님을 경외하는 자라고 당당하게 묘사합니다. 거꾸로 문제의 원인을 알고 그것이 막중한 잘못임을 지적하는 사람은 선원들입니다. 요나가 시인(是認)해야 할 것을 이방 선원들이 지적하고 있습니다. 결국, 이 지점까지도 요나가 하나님 앞에서 회개했다고 보기 힘듭니다.

3) '나를 들어 바다에 던지시오'

이제 마지막으로 남은 요나의 말을 살필 차례입니다. 폭풍이 더 거세지자 선원들은 재앙의 해결책을 요나에게 묻습니다. 그때 요나가 이렇게 대답합니다.

그가 대답하되, "나를 들어 바다에 던지라. 그리하면 바다가 너희를 위하여 잔잔하리라. 너희가 이 큰 폭풍을 만난 것이 나 때문인 줄을 내가 아노라." 하니라. (욘 1:12)

자신을 바다에 던지라고 합니다. 자신으로 인해 이런 폭풍이 임했기에, 내가 빠지면 문제가 해결될 거라는 말입니다. 이것이 요나서 1장에 나타난 요나의 마지막 말입니다. 이 말은 어떻게 이해해야 할까요? 마찬가지로 양쪽의 시각이 존재하기 때문에 좀 자세히 살펴야 합니다.

긍정적 시각: 책임감 있는 신앙인?

요나를 계속 긍정적으로 보려는 사람들은 요나의 이 말을 결정적인 단서로 생각할 수 있습니다. 결국 요나는 죽음을 택하면서까지 다른 사람들을 구하려 했고, 또한 자신 때문에 일어난 일에 대해서 끝까지 책임지려고 했습니다. 요나의 이 마지막 말에는 책임감과 희생정신이 배어 있고, 그렇다면 이렇게 책임을 지고 희생적 판단을 하는 요나의 마음을 부정적으로 보기 어렵게 됩니다. 자신의 잘못을 회개하지 않고서는 이런 식의 태도를 비칠 수 없다는 판단입니다. 결국 요나서 1장 끝부분에서 (즉, 요나가 바다에 던져지기 전에) 요나는 자기의 잘못을 시인하고 회개한 참회자의 모습으로 등장한다는 것입니다.

이런 시각의 문제점

스스로 죽음을 선택하는 게 쉽지 않다는 점을 생각하면, 이런 요나의 모습을 긍정적으로 볼 여지도 있습니다. 하지만 요나의 마지막 말을 무조건 긍정적으로 보기에는 뭔가 석연치 않은 점이 많습니다. 그런 면을 잘 생각해야 합니다.

① 요나의 말이 회개를 의미하는가?

첫째, 요나가 한 마지막 말은 회개의 고백이 아니라 죽음의 선택이라는 점입니다. 다시 말하면 자기를 바다에 던지라고 제안한 게 곧 마음의 변화는 아니라는 말입니다. 요나는 지금까지 여호와의 명령을 거부할 뿐 아니라, 오히려 '여호와 낯을 피하여' 도망가던 중이었습니다. 요나가 가던 길에 여호와께서 폭풍을 일으키셨을 때에도, 요나는 무덤덤하게 있었습니다. 결국 제비에 뽑혀서 어쩔 수 없이 자신에게 초점이 모아졌을 때야 비로소, 자신이 지금 여호와를 피하고 있다는 점을 밝혔습니다. 그러나 거기서도 자신의 잘못을 분명히 시인하지는 않았습니다. 오히려 자기 자신을 다른 사람들과 대비하면서 스스로를 의롭게 보이도록 말했습니다. 여기까지 나타난 요나의 모습은 회개하고는 거리가 멉니다. 용기가 없어서 그랬다면, 그 다음 최후 순간에는 회개의 고백을 해야 합니다. 자신이 잘못했다고 말하면서 하나님께 자비를 구해야 합니다. 그러나 요나는 그렇게 하지 않습니다. 다만 자기를 바다에 던지라고 말할 뿐입니다. 나 때문에 이 일이 이렇게 되었으니 나를 바다에 던지면 문제가 해결된다고 말하는 게 전부입니다.

② 왜 하나님께 구하지 않는가?

두 번째 문제는 요나가 하나님 앞에 분명하게 간구하는 내용이 등장하지 않는다는 점입니다. 사람들 앞에서 자신의 잘못을 고백하기 힘들 수 있습니다.[6] 그렇다고 하더라도 하나님 앞에서는 분명히 잘못을 시인해야 합니다. 참 회개는 하나님 앞에 고백하는 것에서부터 시작해서 사람들에게까지 겸허한 모습으로 자신의 잘못을 인정하는 데까지 나아갑니다. 요나가 자신의 마음을 먼저 바꾸었다면, 폭풍을 당했을 때 이렇게 하나님께 구했어야 합니다.

---

6 그러나 참 회개는 다른 사람에게도 자기 잘못은 시인하는 모습으로 나타나야 합니다.

"여호와여, 제가 잘못했습니다. 당신이 원하시는 대로 니느웨에 가서 그들의 회복을 위해 재앙을 선포하겠습니다. 제 마음과 생각을 바꾸겠습니다. 그러하오니, 이 이방 선원들의 목숨을 구해 주시옵소서. 이들은 죄가 없습니다. 죄는 저에게 있습니다."

하지만 요나서 1장에서 요나는 하나님 앞에 겸허하게 간구하는 모습을 보이지 않습니다. 폭풍이 일어나자 선원들은 각자 자기의 신에게 구했습니다. 요나는 잠자고 있었고, 선장이 요나를 깨워서 네 하나님께 외치라(구하라)라고 촉구하였습니다. 그러나 그 후에도 요나가 하나님께 간구하는 모습은 등장하지 않습니다. 요나서 2장에서 가서야 요나가 기도하는 모습이 나옵니다. 하지만 그것도 회개의 기도가 아니었다고 지난 장에서 이미 결론 내렸습니다. 2장에 회개의 기도가 없다면, 1장에서라도 요나가 회개한 모습이 등장해야 합니다. 자신의 잘못을 시인하고 고백하는 간구가 나타나는 게 하나님을 경외하는 선지자에게 마땅합니다. 하지만 1장에서도 요나의 회개와 간구는 없습니다. 오히려 1장 끝에서 여호와께 부르짖고 구하며 서원하는 자들은 이방 선원들이었습니다 (참조. 1:14, 16).[7]

---

7 욘 1:14에서 무리가 '여호와께 부르짖는다.'(יְהוָה אֶל וַיִּקְרְאוּ)라고 말할 때 쓴 히브리어 표현은 하나님께 간구한다고 할 때 쓰는 통상적인 표현입니다(참조. Sasson, Jonah, p. 131). 또한 이때 쓰인 '카라'(קָרָא)라는 동사는 욘 1:2의 '외치라'와 1:6의 '구하라'라는 것과 같은 동사입니다. 선장은 요나에게 하나님께 '구하라'라고 촉구했지만, 요나서 1장에는 요나의 '간구'가 등장하지 않습니다. 오히려 선원들이 여호와께 구하고 있습니다. 욘 1:5에 '사공들이 각각 자기의 신을 부르고'라는 표현에 있는 동사는 이것과 다른 동사입니다.

무리가 여호와께 <u>부르짖어</u> 이르되, "여호와여, <u>구하고 구하오니</u> 이 사람의 생명 때문에 우리를 멸망시키지 마옵소서! 무죄한 피를 우리에게 돌리지 마옵소서! 주 여호와께서는 주의 뜻대로 행하심이니이다." 하고 (욘 1:14)

그 사람들이 여호와를 크게 두려워하여 여호와께 제물을 드리고 <u>서원을 하였더라.</u> (욘 1:16)

그렇다면 1장에 왜 요나가 여호와께 겸허하게 구하는 내용은 없을까요? 요나의 마음이 아직도 하나님의 마음이나 생각과 다르기 때문일 것입니다.

③ 죽음을 선택하는 이유가 무엇인가?

셋째, 요나가 죽음을 선택하는 결정도 다른 각도에서 볼 수 있습니다. 요나는 하나님께 회개하고 간구하는 대신 죽음을 선택합니다. 이 부분이 이상합니다. 요나가 도대체 어떤 생각을 하고 있길래 죽음 앞에서까지 하나님께 간구하지 않느냐는 겁니다. 요나가 죽음을 선택한 이유를 좀 더 밝혀야 합니다.

요나서 1장과 4장은 서로 닮은 점이 있다고 했습니다. 좀 더 자세한 내용은 다음 장(章)에 가서 밝혀지겠지만, 현재 논점과 관련해서 간단히 살펴봐야겠습니다. 4:1-3에는 요나가 화를 내면서 하나님께 기도하는 모습이 나옵니다. 그 중에 이런 부분이 있습니다.

"여호와여, 원하건대 이제 내 생명을 거두어 가소서! 사는 것보다 죽

는 것이 내게 나음이니이다." (욘 4:3)

자신의 생각대로 니느웨가 멸망하지 않고 니느웨의 재앙이 취소되자, 요나가 하나님께 하는 말입니다. "나를 죽여주소서! 사는 것보다 죽는 것이 낫습니다!" 이 부분을 좀 신중하게 읽으면, 요나가 자기 생명까지 걸고 니느웨 성이 멸망하기를 바랐다는 사실을 눈치챌 수 있습니다. 물론 '화가 끝까지 나서 순간적으로 내뱉은 말이다'라고 쉽게 생각할 수도 있습니다. 마치 자신에게 그늘을 주던 박 넝쿨이 죽자, 자신도 죽여 달라고 구한 것처럼 말입니다(참조. 4:8). 그러나 지금까지 요나서 전체를 통해 알아 본 바에 의하면, 요나에게는 끝까지 하나님의 생각을 반대하는 특별한 이유가 있는 것 같습니다. 뭔가 요나가 붙들고 있는 입장이 매우 심각하다는 사실입니다. 요나가 끝까지 고수하려는 어떤 특별한 게 있기에 죽음을 무릅쓴 이런 행동까지 나타난다는 것입니다. 요나는 자신의 생각을 고수하려고 결사(決死) 반대의 지경까지 나아갑니다.

그렇다면 요나서 1장에서 요나가 죽음을 선택하는 모습은 어떻게 보아야 할까요? 이와 관련하여 요나가 다시스로 가는 결정을 좀 다시 생각해 볼 필요가 있습니다. 이스라엘 사람들에게는 이방인들과 같이 있는 것이 쉽게 용납되지 않습니다. 더구나 이스라엘의 선지자가 이스라엘을 떠나 이방으로 도피한다는 게 그다지 쉬운 결정은 아닙니다. 더구나 요나가 이스라엘의 하나님인 여호와를 피해서 이방 지역으로 간다는 사실을 잘 생각하면, 요나의 다시스행이 매우 심각하고 중차대한 결정임을 눈치챌 수 있습니다. 요나가 다시스로 간 행동을 그냥 우리가 지중해 지방에 여행 한번

가는 것으로 생각하면 곤란합니다. 이스라엘 선지자 요나의 입장에서는 다시스행이 자신의 정체성(正體性)을 완전히 몰수하는 일입니다. 이런 점에서 이방 선원들이 요나에게 생업과 고국을 물었을 때, '나는 여호와를 섬기는 자입니다'라고 말한 게 더 납득이 갑니다. 이방으로 가고 있지만 자신은 히브리인이고 여호와를 경외한다고 말한 겁니다.

그렇다면 요나가 니느웨의 회복을 얼마나 싫어했는지를 어느 정도 알 수 있게 됩니다. 이스라엘 선지자 요나가 자신의 히브리인의 정체성을 꺾으면서까지 다시스행을 결정한 겁니다. 자신의 정체성을 포기할지라도 니느웨가 재앙에서 회복되는 것은 싫습니다. 자기 한 사람은 희생되더라도 니느웨성은 멸망해야 됩니다. 그런데 그런 요나의 의미심장한 결정조차도 여호와께서는 그냥 놔두시지 않습니다. 오히려 끝까지 요나를 쫓아와서 요나의 판단과 결정에 번복을 요구하십니다. 그래서 폭풍을 일으키십니다. 그러나 요나는 폭풍도 모른 척하고, 뽑힌 제비 앞에서도 자신의 잘못을 명확하게 시인하지 않습니다. 하나님 앞에서 꼿꼿하게 서있습니다. 여호와께서 폭풍을 던지셔서 (내리셔서) 요나를 반대하니까(참조. 1:4), 오히려 요나가 자기를 오히려 '던지라고'(참조. 1:12) 대항하여 말합니다.[8]

---

8 요나가 자기를 '던지라'(욘 1:12)고 말한 히브리어 단어는 여호와께서 바다에 폭풍을 '내리셨다'(욘 1:4)는 단어와 동일합니다(개역성경은 '내리시매'라고 번역함). 이 두 행동은 서로 대비되어 보입니다. 아마도 저자는 요나와 하나님의 행동이 서로 부딪힌다는 점을 드러내려 의도적으로 동일한 단어를 사용하면서 아이러니를 만드는 것 같습니다. 여호와께서 요나를 막기 위해 대풍을 내리자, 요나는 결국 자기를 아예 던지겠다고 말합니다. 하나님의 조치에 아예 반항하는 투입니다. 이 점에 대해

그러니까 요나는 자신이 마음먹은 생각을 요나서 1장 끝에서도 쉽게 바꿀 생각이 없다는 겁니다. 이스라엘 선지자의 정체성조차 포기하고 이방에 숨어들겠다는 굳은 결심마저도 저지(沮止) 당했습니다. 요나는 여호와 앞에 자신의 생각을 바꾸기보다, 오히려 죽음을 선택합니다. 오히려 죽는 게 낫다는 겁니다. 자신의 생각이 모두 수포로 돌아갔기 때문입니다.

그렇기 때문에 1장에 나타난 요나의 마지막 말을 요나의 회개라고 보기는 어렵습니다. 오히려 요나가 하나님의 끈질긴 설득 앞에도 자신의 입장을 끝까지 고수하는 꼿꼿한 자세로 있다고 보는 게 낫습니다. 이런 왜곡된 강직함은 마치 요나가 2장에서 물에 가라앉아 가며 한 기도의 내용과도 잘 어울립니다.

> 내가 말하기를, "내가 주의 목전에서 쫓겨났을지라도 다시 주의 성전을 바라보겠다." 하였나이다. (욘 2:4)

서는 Wolff도 필자와 유사한 견해를 보입니다(Wolff, *Jonah* [1986], p. 118). 사실 이때 쓰인 히브리어 동사는 '툴'(טול)인데 요나서 1장에서 4번 사용되었습니다. 한 번은 '여호와께서 폭풍을 내리시다'는 것에(욘 1:4), 또 한 번은 요나가 '자신을 바다에 던지라'라고 한 말에(욘 1:12) 사용되었습니다. 그리고 나머지 두 번은 선원들이 '자기들의 물건과'(욘 1:5) '요나를'(욘 1:15) 바다에 '던지다'라고 표현할 때 사용되었습니다. 그래서 이 단어는 의도적으로 여호와와 선원 그리고 요나의 행동 사이에 있는 미묘한 관계를 보여주는 기능을 합니다. 즉 하나님이 폭풍을 '던지신' 것에 대해 선원과 요나가 각각 나름대로 던지는 행위를 합니다. 선원들에게도 이 단어가 사용된다고 해서 그들도 여호와를 대적하고 있다고 보기는 힘듭니다. 오히려 '두려워하다'('야레', ירא)라는 동사가 선원과 요나에게 같이 사용되면서 대비를 이루었듯이, 이 동사도 그와 유사한 기능을 하고 있습니다. 이 단어가 폭풍 에피소드에 미치는 역할에 대해서는 다음을 참조하시기 바랍니다. Magonet, *Form* (1983), pp. 16-17.

요나는 죽음을 각오했고, 바다에 던져져 물에 가라앉아 갔습니다. 물에 가라앉아 죽어가면서 기도했습니다. '내가 주의 목전에서 쫓겨났을지라도, 다시 주의 성전을 바라보겠습니다.' 겸허한 기도라기보다 자신만만한 기도입니다. 이방 선원들 앞에서 '나는 여호와를 섬기는 자입니다'라고 선언한 그 당당함과도 잘 연결되며, 자신의 죽음을 선택한 요나의 태도와도 잘 부합하는 기도입니다. 이렇듯이 요나는 죽음을 선택할지언정, 자신이 처음부터 가졌던 굳은 신앙(?)을 버리지는 않습니다. 이스라엘의 선지자로서 니느웨의 회복을 위해 일할 수는 없기 때문입니다.[9]

2. 여호와의 모습

요나서 1장에 묘사된 요나의 모습이 정리되었습니다. 그렇다면 그런 요나를 다루시는 하나님은 어떤 모습일까요? 이것을 간략하게나마 다루어야 요나와 하나님의 대립이 보다 분명해집니다.

(1) 말씀하고 기다리시는 하나님

첫째로, 하나님은 요나에게 먼저 말씀하시고 기다리시는 분으로 등장합니다. 1:1-2에 보면 여호와께서 요나에게 먼저 말씀하십니다. 그에 대해 요나는 순종의 길을 걷지 않고 그 반대의 길을 갑니

---

9 Wolff도 필자와 유사하게 욘 1:12에 있는 요나의 말을 부정적인 방향으로 평가하고 있습니다. Wolff, *Jonah* (1986), p. 118.

다. 다시스로 도망가기 위해 욥바로 내려갑니다. 거기서 마침 다시스로 가는 배를 만나 승선합니다. 그런데 이런 요나의 생각과 행동에 대해 여호와께서는 아무런 제동을 거시질 않습니다. 요나가 자기 계획을 진행하도록 그냥 놔두시는 것처럼 보입니다. 요나가 욥바로 내려갈 때도 아무 일이 일어나지 않았습니다. 오히려 그곳에 가 보니 마침 다시스로 가는 배가 있습니다. 요나가 '여호와의 낯을 피하여' 다시스행 배를 타도록 놔두시는 겁니다. 여호와께서는 아무 일도 안 하시는 것 같습니다. 하지만 그런 여호와의 모습이 요나의 생각과 행동을 인정한다는 뜻은 아닙니다. 다만 요나가 하나님의 마음을 따라 행동하기를 기다리실 뿐입니다.

(2) 폭풍으로 반대하시는 여호와

그러나 때가 되면 여호와의 반대가 등장합니다. 여호와께서는 요나가 가는 길에 폭풍을 보내셔서 요나의 계획과 행동이 틀렸음을 보이셨습니다. 그리고 요나가 다시 되돌아오기를 원하셨습니다. 니느웨 성이 되돌아오기를 바라셨듯이, 요나도 여호와께 돌아와서 여호와의 마음이 되기를 바라셨습니다. 그래서 폭풍을 일으키시고, 제비가 요나에게 뽑히도록 하십니다. 그러나 요나는 자신의 잘못이 다 발각되었는데도 하나님께 항복하지 않습니다. 자신의 입장을 끝까지 고수합니다. 요나가 맘을 바꾸지 않는 만큼 하나님은 폭풍을 거세게 하십니다. 요나가 결국은 하나님께 돌아오길 원하시기 때문입니다. 그런데 이제 요나는 아예 죽음을 선택합니다. 자신의 잘못과 문제를 고백하기보다, 죽음의 길을 선택합니다. 고백의 길보다, 죽음의 길이 더 가깝습니다. 어떻게 보면 요나가 승리한 것처럼 보입니다.

(3) 물고기를 준비하신 여호와

그러나 요나가 선택한 죽음으로도 하나님의 설득을 꺾을 수는 없습니다. 하나님은 요나가 선택한 죽음을 큰 물고기를 통해서 완전히 무력화 시키십니다. 요나가 하나님 앞에서 자신을 고백하지 않을 때, 하나님은 이미 큰 물고기를 준비시켜 놓으십니다. 그리고 그것으로 요나의 마지막 결정마저도 무마시켜 버리십니다. 그리고 오히려 이런 경험을 통해서 요나가 하나님의 무한하신 긍휼과 자비를 배우도록 배려하십니다. 그러나 요나는 (2장의 자기 기도에서) 하나님의 구원을 자신의 승리로 대치시켜 버립니다. 헛된 것을 숭상하는 자들은 은혜를 버렸지만, 자신은 그렇지 않을 것이라고 당당하게 말합니다. 자신은 죽어 가면서도 주님께 기도했다는 당당함을 버리지 않습니다. 하나님은 요나에게 긍휼이 무엇이고 회개가 무엇인지 배우기를 원하시지만, 요나는 아직도 자신의 생각과 마음을 바꾸지 않습니다. 그러나 이런 모든 것이 하나님께서 요나를 구원하신 사건 안에서 이루어졌다는 사실은 엄연한 진리로 남습니다.

3. 정리: 여호와와 요나의 평행선

(1) 하나님과 요나의 평행선

이제 요나서 1장에서도 줄곧 요나는 여호와와 대립하고 있다는 점이 설명되었습니다. 1장 끝에서도 요나는 하나님의 마음을 회복한 모습으로 묘사되지 않습니다. 하나님의 명령이 싫어서 다시스로 도망가려 했던 요나는, 하나님이 폭풍으로 그 길을 막으셔도 자신의 생각을 버리지 않았습니다. 하나님이 폭풍으로 막으시려 할 때 모르는 척 잠을 자고 있었고, 제비가 뽑혀 자신이 지목되었을 때도 회개보다는 자신을 당당한 사람으로 내세웠습니다. 하나님께 구하라는 선장의 촉구에도 불구하고 요나는 한 마디도 하나님 앞에 구하지 않습니다. 오히려 요나는 죽음을 택하는 쪽으로 선회합니다. 니느웨를 피해 다시스로 도망하는 것처럼, 이제는 아예 이 세상을 피해 죽음으로 향합니다. 그러나 하나님은 그런 요나의 극단적인 행동조차도 그대로 놔두시지 않습니다. 이미 물고기를 준비하셔서 요나가 죽기 전에 살리십니다. 요나의 극단적 행동과 논리를 막으면서, 하나님의 긍휼과 자비를 보이십니다. 그리고 그것을 기초로 니느웨 성에 참 회복과 회개의 메시지가 전파되기를 원하십니다. 요나서 1장에서도 요나와 하나님은 평행선입니다.

(2) 여호와를 만나게 된 선원들

바로 그런 평행선 사이에 등장하는 인물들이 있습니다. 처음에는 여호와에 대해 아무 것도 모르는 사람이었지만, 하나님께서 요나를 설득하시는 과정 속에 조금씩 여호와의 능력을 알아 가는 사람들입니다. 이들은 처음에는 하나님과 관련 없는 사람이었지만, 하나님께서 요나를 설득하시는 과정에서 조금씩 하나님 편으로 이동하기 시작합니다. 선장의 말은 요나에게 주신 여호와의 명령을 상기시키는 자극이었고, 선원들의 추궁은 요나 자신이 선지자로서 마땅히 있어야 할 자리를 다시금 고민하게 합니다. 그런 과정 속에서 이방 선원과 요나의 사이는 더 벌어지고, 이방 선원들은 하나님을 점점 경외하는 방향으로 나아갑니다. 요나서 1장에서 여호와를 경외한다는 고백은 요나의 입에서 먼저 (의로운 체하며) 등장하지만, 실제 그 끝은 선원들의 진실 된 고백으로 마감됩니다. 요나는 자신의 생각을 고수하여 바닷물에 빠지지만, 선원들은 그들의 생각을 바꾸기 시작합니다. 하나님을 등지고 다니던 이방 선원들이, 요나와 하나님의 평행선 사이에서 하나님 편으로 움직이기 시작합니다. 1장에 나타난 하나님의 구원은, 요나서 3장에 나타난 하나님의 구원처럼 요나가 하나님과 등지고 있어도 실행되고 있습니다. 하나님께서 역사(役事)하시는 역사(歷史)는 측량할 수 없습니다. 요나가 하나님과 평행선을 그려도 하나님은 하나님이시기 때문입니다.

6장 · 요나서의 문맥과 흐름

---

1. 장별(章別) 비교
   (1) 요나서 1장과 4장
   (2) 요나서 2장과 3장
   (3) 요나서 2장과 4장
   (4) 요나서 1장과 3장

2. 요나서 전체의 흐름
   (1) 요나서 1장
   (2) 요나서 2장
   (3) 요나서 3장
   (4) 요나서 4장
   (5) 전체 정리

3. 중요한 질문 세 가지

지금까지는 요나가 처음부터 끝까지 하나님과 등을 돌리고 있으면서 자신의 마음과 생각을 바꾸지 않았다는 점을 살펴보았습니다. 요나는 처음에 다시스로 가는 결정을 할 때(요나서 1장)부터 나중에 하나님 앞에 정면으로 대적할 때(요나서 4장)까지 지속적으로 하나님과 평행선을 걸었습니다. 특별히 요나서 2장과 3장에 등장하는 요나조차도 하나님 앞에서 온전히 회복되고 회개한 모습이 아니었습니다. 이것으로 필자가 처음에 문제를 제기하며 제안했던 요나의 모습은 어느 정도 이해가 되었습니다. 요나서는 요나의 '불순종-회개-선교-침체'의 틀로 이해해서는 안 되며, 처음부터 끝까지 요나가 하나님과 평행선으로 그으며 대립한다고 보아야 합니다. 그렇다면 요나서의 각 장(章)은 어떻게 연관되어 있을까요? 이번 장에서는 요나서 각 장(章)을 서로 비교하면서 요나서를 전체적으로 살펴보려고 합니다. 그래야 요나서가 가진 패러다임을 좀 더 명확히 볼 수 있고, 요나서가 가진 메시지와 목적을 잘 찾을 수 있습니다.

1. 장별(章別) 비교

요나서를 자세히 들여다보면, 그 안에 사용된 단어와 표현 하나하나가 그냥 지나칠 수 없을 만큼 정교하게 쓰였다는 사실을 알 수 있습니다. 이 책에서 그런 구체적인 증거 모두를 다 다루기는 힘듭니다. 하지만 요나서 전체가 구성되고 있는 전체적인 틀과 장별(章別) 의미의 흐름 정도는 살펴보는 게 좋겠습니다.[1] 특별히 요나서 각 장(章)이 서로 다른 장들과 어떻게 연결되고 있는지, 또 이야기가 어떻게 발전되고 비교되는지 알 필요가 있습니다. 먼저 요나서 각 장을 서로 비교해 보겠습니다.

(1) 요나서 1장과 4장

요나서 1장은 4장을 염두에 두고 읽으면 이해가 쉽다고 이미 말했습니다. 저자가 요나서 1장과 4장에 재미있는 대비를 마련해 놓고 있기 때문입니다. 이것을 특히 세 가지 측면에서 살펴 볼 수 있습니다.

---

1 요나서가 하나의 극(劇)으로 어떻게 구성되어 있는지에 대해서는 본서의 '부록 1. 3막(幕) 7장(場)으로 읽는 요나서'를 보십시오. 또한 요나서에 나타난 문학적인 기교에 대해서는 Magonet, *Form* (1983)을 참고하십시오. '대화 분석'(conversation analysis)을 가지고 특별히 '독자 반응 비평'(reader-response criticism)의 관점으로 요나서를 다룬 연구도 있습니다. Raymond F. Person, Jr., *In Conversation with Jonah: Conversation Analysis, Literary Criticism, and the Book of Jonah*, JSOT Supplement Series 220 (Sheffield: Sheffield Academic Press, 1996).

요나의 행동과 말

첫째로 요나서 1장과 4장에는 하나님을 반대하는 요나의 모습이 비슷하지만 약간 다른 각도로 소개되어 있습니다. 두 장(章) 모두 요나가 하나님을 등지고 있다는 사실을 분명하게 묘사합니다. 2장과 3장에 비해 1장과 4장에 나타난 요나의 불순종은 그렇게 힘들이지 않고도 찾을 수 있습니다. 1장에서는 요나가 하나님께 불순종하는 사실이 요나의 분명한 행동으로(즉, 다시스로 가는 행동으로) 나타나고, 4장에서도 요나가 하나님과 대판 싸우는 모습이 명확하기 때문입니다. 이 두 곳에 나타난 요나의 행동은 분명하게 하나님을 반대합니다.

그런데 흥미롭게도 요나서 1장에서는 그런 요나의 불순종이 요나의 입을 통해서 직접적으로 나타나지는 않습니다. 물론 요나는 다시스행을 결정할 때에도 자신의 반대 견해를 기도로 하나님께 말했던 것 같습니다. 이 사실은 4:2를 읽으면 알 수 있습니다. 그런데 재미있게도 1장에는 그런 요나의 기도가 기록되어 있지 않습니다. 다만 요나가 하나님을 거부하고 있는 행동만이 표현될 따름입니다. 여호와께서 폭풍을 내리셔서 요나의 잘못을 지적하시는데도 요나는 여호와께 구하지 않습니다. 오히려 그 반대 행동을 보일 뿐입니다. 요나가 선원들에 말한 내용은 나와 있지만, 여호와께 말한 내용은 나타나지 않습니다. 선장은 요나에게 '네 하나님께 구하라'라고 요구하지만, 요나의 입은 하나님께 굳게 닫혀있습니다.

이와는 대조적으로 요나서 4장에 등장하는 요나는 여호와께 대놓고 이야기합니다. 1장에서는 여호와께 한 마디도 안 한 것처럼 묘사되던 요나가 4장에서는 여호와께 줄줄 이야기합니다. 물론 요나는 자기 생각을 바꾸지 않았습니다. 오히려 하나님의 얼굴을 피하던 모습이 이제는 말로 싸움하는 지경까지 나아간 형국입니다. 요나가 다시스로 가려 할 즈음에 여호와께 기도했던 내용도 요나서 4장에 와서야 알려집니다. 감추어져 있던 요나의 속말이 요나서 4장에 와서는 드디어 폭발합니다.

　요나서 1장과 4장 모두는 요나가 하나님을 등진 모습을 묘사하지만, 그것이 요나서 1장에서는 주로 요나의 회피 행동으로 드러난 반면 4장에서는 요나의 말로도 직접 나타납니다. 4장에 이르러서는 요나의 속마음과 생각이 모두 폭로되는 것입니다.

하나님의 설득 방법

　하나님의 설득 방법도 대조됩니다. 요나서 1장에서는 요나가 행동으로 거부의 뜻을 보이니까, 여호와께서도 당신의 뜻을 특별한 행동으로 보이십니다. 커다란 폭풍을 일으키십니다. 여호와께서 일으키신 폭풍이 분명한데도(참조. 1:4) 하나님은 폭풍 속에서 직접 말씀하시지 않습니다. 하나님의 뜻은 간접적으로 드러납니다. 폭풍이 거세짐을 통해서, 또는 선장과 선원의 말을 통해서 암시될 뿐입니다.

　그에 비해 요나서 4장은 다릅니다. 요나가 하나님 앞에서 말하면서 대드니까, 하나님께서 그런 요나에게 대답하십니다. 요나가 불평하니까, 여호와께서 '너의 성냄이 어찌 합당하냐?' 라고 물으십니다. 요나의 말에 대해, 하나님께서 말로 설득하십니다. 물론 4장에 나타난 요나의 대드는 행동에도 동일하게 반응하십니다. 초막을 만들고 버티니까 하나님은 박 넝쿨과 벌레, 동풍 등을 준비하십니다. 요나가 반대하는 방식대로 여호와께서 설득하시는 겁니다. 하나님은 요나의 생각과 행동 하나 하나를 정확히 보시며 그에 합당한 방식으로 대응하십니다.

배경과 분위기

배경과 분위기란 면에서도 대비·대조되는 점을 찾을 수 있습니다. 요나서 1장에 등장하는 배경이 동적(動的)이고 급박하다면, 4장은 아주 정적(靜的)이고 느긋한 모습입니다. 1장에서는 폭풍이 불고 그것을 대처하는 선원들의 빠른 손놀림이 독자(청중)의 손에 땀을 쥐게 합니다. 그에 비해 4장에서는 느긋한 장면이 연출됩니다. 초막에서 요나가 가만히 앉아 있는 모습이 나오고, 휘몰아치는 폭풍이 아니라 뜨거운 동풍이 등장합니다. 느릿느릿한 벌레가 나옵니다. 서로 대조되는 모습입니다.

이런 대조는 무대에 동원되는 것들의 크기를 보아도 알 수 있습니다. 1장에서는 다시스로 가는 커다란 배가 보이고 큰 물고기가 등장합니다. 그러나 4장에서는 조그만 벌레와 박 넝쿨 등이 등장합니다. 음향 측면에도 마찬가지입니다. 1장의 음향 소리가 아주 시끄러운 반면, 4장에서는 정적이 흐르고 있는 분위기입니다. 폭풍과 파도 소리가 1장에서는 요란하게 들리지만, 4장에서는 요나와 하나님의 대화 소리만 들립니다.

그뿐만이 아닙니다. 1장과 4장의 이런 대조는 여호와께서 일으키신 사건의 출발과 결말에서도 찾아 볼 수 있습니다. 1장에서는

여호와께서 폭풍을 내리면서 설득이 시작되지만, 결국 큰 물고기로 요나를 구원하시면서 종결됩니다. [2]

즉, 요나의 고난으로 시작해서 요나의 구원으로 종결됩니다. 그런데 요나서 4장은 정 반대입니다. 요나가 초막을 짓습니다. 그때 하나님은 요나에게 박 넝쿨을 주셔서 기쁨을 주시지만, 하지만 결국 뜨거운 동풍과 벌레를 보내셔서 요나의 혼곤(昏困)함과 불평으로 마감케 하십니다. 기쁨에서 곤란으로 바뀝니다. 다음에 정리한 대비를 보시기 바랍니다(chiasmus 구조).

1장	큰 폭풍	어려움	a
	큰 물고기	구원(기쁨)	b
4장	박 넝쿨	편안(기쁨)	b'
	벌레	어려움	a'

도식 6.1. 요나서 1장과 4장에 나타난 요나의 곤란과 기쁨(구원)의 대비

(2) 요나서 2장과 3장

요나서 2장과 3장의 공통점

요나서 1장과 4장에서는 요나의 불순종이 비교적 분명하게 드

---

2 물론 이런 판단은 개역 성경에 있는 욘 1:17이 요나서 1장에 붙어 있는 것으로 보는 입장입니다. 히브리어 성경에는 이 구절이 요나서 2장 1절로 되어 있습니다.

러난 반면, 2장과 3장에는 상대적으로 가려져 있습니다. 1장과 4장에서는 요나가 불순종하는 행동과 말이 분명히 표현된 반면, 2장과 3장에서는 요나의 말과 행동이 모두 외면적으로 여호와를 따르는 것처럼 보입니다. 1장과 4장에서 요나의 의도가 외향적으로 드러나 있다면, 2장과 3장에는 요나의 마음이 내면적으로 감추어져 있다는 뜻입니다. 이런 점에서 2장과 3장은 공통점이 있습니다. 2장에서 요나는 여호와께 감사의 기도를 드리며, 3장에서는 니느웨에 메시지를 전파합니다. 겉모습은 하나님과 같은 배에 탄 것 같지만 그 속에 감추어진 요나의 마음은 아직도 하나님과 거리가 멉니다. 모두 요나의 불순종이 내면화되고 숨겨져 있습니다. 표면으로는 매우 종교적이고 신앙적으로 묘사되어 있지만, 그 내면에서는 요나의 근본 생각이 바뀌지 않았습니다. 이점이 2장과 3장을 이해하는데 아주 중요합니다.

요나서 2장과 3장의 다른 점

그런 공통적인 요소가 있기는 하지만, 이 두 장도 서로 다른 면을 갖고 있습니다. 2장에는 요나의 말이 꽉 차있는 반면, 3장에서는 요나의 행동이 등장합니다. 2장의 요나는 장황하게 말하면서 기도하지만, 3장에는 요나가 아주 짧게 메시지를 전합니다(참조. 3:4b). 3장에서는 요나의 말보다 그의 행동과 태도가 더 부각됩니다. 이런 대비는 요나서 1장과 4장이 갖는 대비와도 연결해서 볼 수도 있습니다. 1장에서는 요나와 하나님의 행동이 두드려졌고, 4장에서는 요나와 하나님의 말이 더 두드려졌습니다. 이를 전체적으로 보면 다음 도식과 같습니다(병렬 구조).

요나와 하나님의 행동 (1장)		a
요나의 말 (2장)		b
요나의 행동 (3장)		a'
요나와 하나님의 말 (4장)		b'

도식 6.2. 요나서 각 장에 나타난 (요나와 하나님의) 행동과 말의 대비

(3) 요나서 2장과 4장

하나님과 관계함: 기도의 음성

요나서 2장은, 요나의 행동보다 말이 더 두드러진다는 점에서, 요나서 4장과 같이 생각해 볼 필요도 있습니다. 2장 전체는 요나의 말로 꽉 차 있습니다. 그 말은 요나가 여호와께 드리는 기도입니다. 4장도 전체적으로 기도 내용이 중요합니다. 그리고 행동보다는 대화에 초점이 있습니다. 그런데 중요한 차이점은 2장에서는 요나가 혼자 여호와께 말하는 형식인 반면, 4장은 요나와 하나님이 대화하는 형식으로 꾸며져 있다는 겁니다. 2장에서는 요나의 기도 소리만 등장하지만, 4장은 하나님의 응답과 질문이 함께 실려 있습니다. 그렇지만 2장과 4장은 모두 요나가 특별히 하나님과 관계하는 모습입니다.

하나님과 등지고 있음

재미있는 점은 이 두 장이 근본적으로는 같은 생각을 약간씩 다르게 표현하고 있다는 사실입니다. 요나는 2장에서도 마음을 바꾸지 않았는데, 아주 신앙적이고 종교적인 모습으로 묘사되었습니다. 요나가 여호와와 같은 편인 것처럼 등장합니다. 그런데 이런 요나의 기도에 대해 하나님은 잠잠하십니다. 요나는 혼자서 자기 말을 하고 있고, 하나님은 아무런 대답 없이 가만히 계십니다. 요나가 한 기도의 신실함을 보장할 만한 무엇인가가 보이지 않습니다. 그런데 요나서 4장에는 요나가 하나님과 대항하여 기도하는 모습이 보입니다. 요나는 이제 하나님께 따지면서 반항하고 있습니다. 2장에서 감추어지고 내면적으로 흐르고 있던 내용이 4장에 가면 모두 들통나는 것입니다. 요나와 하나님이 평행선임을 분명히 보여 주는 모습입니다. 다음의 표를 보면서 2장과 4장의 유사점을 다시 확인하시기 바랍니다.

	요나서 2장	요나서 4장	비고
하나님과의 관계	요나의 기도	요나의 기도와 여호와 대답	
요나의 속마음	자기주장 (자기 구원에 감사)	자기주장 (니느웨 구원에 불만)	동일
요나의 겉모습	감사의 기도 (하나님 편으로 행세)	불평의 기도 (하나님께 전면 도전)	다름

표 6.1. 요나서 2장과 4장에 나타난 요나의 모습 비교

(4) 요나서 1장과 3장

요나서 2장과 4장이 요나의 말과 하나님의 말씀을 드러내서 요나와 하나님의 거리를 보여준다면, 1장과 3장은 사건과 행동을 두드러지게 묘사하여 요나와 하나님이 평행선임을 보여줍니다. 1장과 3장에서 요나는 여호와께 한 마디도 말하지 않습니다. 여호와께서 요나에게 나타나 두 번 명령하셨을 때에도, 요나는 말하기보다는 행동으로 그것에 반응합니다(참조. 1:1-3; 3:1-3). 이 두 장에는 폭풍이 일어난 사건이나 니느웨에 재앙이 면제된 사건이 두드러지게 묘사됩니다.

그런데 중요한 사실은 이런 두드러진 사건과 요나의 행동이 모두 요나가 여호와와 거리가 있다는 사실을 드러낸다는 점입니다. 여호와의 첫 번째 명령을 듣고 난 후 요나의 행동은 여호와의 낯을 피하는 것이었고, 두 번째 명령에 대한 요나의 반응도 자신이 원하는 메시지만을 전하는 행동이었습니다. 폭풍 사건에 나타나는 요나의 모습도 하나님의 설득을 거부하는 행동과 태도였습니다.

그러나 이런 요나의 방향과는 반대로, 여호와와 등지고 있었던 이방인들은 거꾸로 요나와 등을 지면서 하나님 앞으로 오게 됩니다. 이방 선원들이 요나의 불순종을 통해 여호와를 크게 두려워하게 되고, 니느웨 백성들이 요나의 왜곡된 메시지를 통해서도 하나님 앞에 회개를 하게 됩니다. 하나님과 평행선이었던 이방인들이 이제 하나님 편이 되고, 요나는 여전히 하나님과 평행선을 걷게 됩니다. 다음의 표를 보시기 바랍니다.

욘 1:1-2	여호와의 부르심과 메시지	욘 3:1-2	여호와의 부르심과 메시지

욘 1:3	요나의 거부
	
	- 니느웨로 안 가고
	  다시스로 도망감
	- 선원에게 자기를
	  내세움
		욘 3:3-4	요나의 거부
			(순종인 것 같지만)
			- 니느웨로 감
			- 편파적으로 메시지를
			  전함
			(자기가 원하는 부분만)

욘 1:4-16	선원들과 선장이 두려워하며 여호와께 서원함	욘 3:5-10	니느웨 백성과 니느웨 왕이 두려워하며 금식을 함

표 6.2. 요나서 1장과 3장에 나타난 인물 비교

2. 요나서 전체의 흐름

이제는 요나서 전체의 흐름을 간략히 정리하겠습니다.

(1) 요나서 1장

요나의 불순종과 여호와의 설득

요나서 1장 처음부터 알 수 있는 명확한 사실은 요나의 불순종입니다. 여호와께서는 요나를 불러 그에게 커다란 사명을 전하십니다. 그런데 그 명령을 들은 요나는 오히려 보따리를 싸 들고 '여호와의 낯을 피하여' 다시스로 도망갑니다. 조용히 그러나 완강하게 하나님의 생각을 거부합니다. 이런 요나의 완강한 거부에 하나님은 조용하게 그러나 분명히 대응하십니다. 모른 채 가만히 계시는 듯하지만, 결국 폭풍을 보내십니다. 요나가 가는 길이 잘못되었음을 분명히 알리시며 요나의 회복을 요구하십니다. 그러나 요나의 입에는 회개의 목소리가 나오지 않습니다. 선지자의 민감함을 잃은 채 하나님이 보내신 폭풍에도 잠잘 뿐 아니라, 오히려 이방인 선장으로부터 '여호와께 구하라'라는 지적을 듣습니다. 원인 제공자로 제비에 뽑혔을 때에도 온전히 회개하기보다는 자신의 모습을 당당하게 표시합니다. 게다가 결국, 여호와가 일으키신 폭풍에 맞서는 식으로 자기 자신을 던져 버립니다. 하나님과 요나가 계속 평행선을 그립니다. 어쩌다 등을 진 하나님과의 관계가 회복하기 힘든 큰 골로 새겨져 버립니다.

하나님을 알아 가는 무리

이런 골의 틈바구니에서 새롭게 하나님을 알게 되는 무리가 등장합니다. 요나의 불순종 때문에 재앙을 맞이하게 된 이방 선원들은 자신들의 힘으로 여려 해결책을 구하다가, 결국 요나로 인하여 이 일이 일어났다는 사실을 알게 됩니다. 그들은 처음에는 여호와께서 일으키신 폭풍을 두려워했지만, 결국은 여호와를 크게 두려워하게 (경외하게) 됩니다. 이스라엘의 선지자로서 참 여호와를 두려워해야 하는 자는 요나였지만, 요나의 입에서는 껍데기만 남은 고백만이 등장하고, 이방 선원들이 참 고백을 하게 됩니다. 요나는 자신을 이방인과 은근히 대비하며 자신이 여호와를 경외한다고 말하지만, 그의 행실과 마음은 이미 궤도를 이탈한 상태였습니다. 오히려 요나의 잘못으로 하나님을 두려워하는 사람은 선원들이었고, 폭풍의 사건으로 여호와께 서원한 사람들은 이방 무리들이었습니다.

(2) 요나서 2장

하나님과 등진 요나는 죽음의 자리에 직면하여서도 꼿꼿한 자세를 버리지 않습니다. 자신이 잘못하여 하나님과 등졌지만, 자신이 쫓겨났다고 말합니다(참조. 2:4a). 자신의 잘못에 대한 회개는 생략해 버리고, 자신이 얻게 된 구원에 대해서만 감사합니다. 하나님은 요나를 여러 모로 설득하셨고, 급기야는 요나가 죽음을 선택할 때도 이미 큰 물고기를 준비하셔서 요나의 극단적 행동을 저지하셨습니다. 그런데도 요나는 자신의 기도로 말미암아 모든 것이 이루어진 양 생각합니다. 자기 나름대로 사건을 해석하고, 자기 마음대로 결과를 판단합니다. 그리고 거기에다 껍데기만 남은 자기의 종교적 장식을 덧붙여 버립니다.

요나의 기도 다음에는 하나님이 등장하지 않습니다. 요나가 자기 말로 주(主)를 부르지만, 여호와는 잠잠히 계십니다. 요나의 기도에는 자신의 구원만이 강한 감격으로 다가옵니다. 자신의 직무 유기 때문에 이방 선원들이 재앙을 당하게 되었다는 점은 그에게 큰 교훈으로 남았어야 합니다. 그래서 니느웨로 가야 하는 선지자의 직무를 다시 회복했어야 합니다. 하지만 요나에게는 아직도 자기만이 의로운 자이며, 다른 사람들은 '거짓되고 헛된 것을 숭상하는 자'로 남아 있습니다. 하나님께서 요나에게 주신 구원의 자비는 동일하게 니느웨 백성에게 전달되어야 했습니다. 그러나 요나는 은혜로운 구원을 자기에게만 국한해 버립니다. 자기의 기도가 응답되었다는 확신으로(참조. 2:2, 7) 요나는 자신이 아직도 하나님 편이라는 사실을 자긍하면서 자신의 잘못된 생각을 바꾸지 않습니다. 그에게 있어 여호와는 자신의 고난만을 눈여겨보시는 분이시며, 자기 기도만을 들으시는 분일 뿐입니다. 그래서 '구원은 여호와께로부터 말미암습니다.'라고 고백합니다. 하지만 그의 마지막 이 고백은 하나님의 마음으로 돌아선 겸허한 기도가 아닙니다. 니느웨를 향한 하나님의 마음으로 돌아가지 않고, 니느웨와 자신을 구별했던 원래의 그 마음에 그대로 고착되어 있기 때문입니다. 겉은 종교와 신앙의 모양으로 채색했고 그 입은 찬양과 감사의 목소리로 채워졌지만, 요나의 마음은 아직도 하나님과 멀리 있습니다. 요나와 하나님은 아직도 평행선입니다.

(3) 요나서 3장

이런 왜곡된 종교적 모습은 요나서 3장에 가서도 그대로 이어집니다. 여호와의 말씀을 따라 니느웨 성으로 어쩔 수 없이 가긴 갔지만, 요나의 몸뚱이만 간 것이었습니다. 요나의 마음은 이미 니느웨를 벗어나 있었습니다. 그는 여호와 앞에서 삼일 길을 가야 하는 큰 성읍 니느웨에 오직 하룻길만을 걸으며 외치고 그만 둡니다. 그것도 처음부터 자신이 의도했던 생각만 밝힙니다. '사십 일이 지나면 니느웨가 무너지리라.' 이것이 요나의 메시지이고 마음입니다. 아직도 요나는 니느웨의 회복에 관심이 없고, 그들의 회개를 바라지 않습니다. 다만 그들이 죄악으로 인해 멸망하기를 바랄 뿐입니다. 니느웨가 멸망하기를 바랐기 때문에 다시스로 도망갔었는데, 이제는 니느웨에 와서 멸망을 크게 외치면서 소망하고 있습니다.

요나가 이렇게 자기 마음을 갖고 메시지를 전했는데도, 니느웨 백성은 회개를 시작합니다. 소문을 들은 니느웨 왕은 오히려 요나가 전하지 않았던 회복과 회개의 메시지를 그의 조서를 통해서 전파합니다. 니느웨 왕을 통해서 하나님의 메시지가 거꾸로 울려 퍼집니다. 결과는 요나의 전적인 패배였습니다. 요나가 진정으로 하나님의 의도와 마음을 전파했다면, 그의 사역과 메시지는 성공이었을 것입니다. 하지만 요나는 자기 마음을 그대로 전파했고, 그래서 그의 메시지와 사역은 패배로 끝나 버렸습니다. 완전한 실패입니다. 하나님은 불순종의 요나를 통해서도 니느웨 백성을 구해 내셨지만, 요나는 자신의 불순종으로 인해 패배의 쓴잔을 마셔야 했습니다. 멸망당해야 할 니느웨 백성은 살아나고, 살아야 할 이스라엘 선지자의 정체성은 소멸되었습니다.

(4) 요나서 4장

그래서 드디어 요나는 폭발합니다. 자신의 KO 패가 분명히 드러났기 때문입니다. 1장부터 3장까지 여러 모양으로 하나님을 반대해 왔던 요나의 마음과 생각이 대대적으로 분출되기 시작합니다. 처음에는 하나님께 아무 말도 하지 않고 다시스로 도망을 갔었습니다. 그것이 잘 안 되자 말로는 여호와께 감사하며 찬양도 해보았고, 행동으로 니느웨에 가서 전하는 시늉도 해보았습니다. 그러나 모든 것이 요나의 뜻대로 되지 않았습니다. 니느웨가 결국 회개와 회복의 길을 걸었기 때문입니다. 이 모든 것이 현실로 드러나자, 요나는 이제 자신의 분(憤)을 여호와께 토해 놓습니다. 이 모든 것이 당신 때문이라고 하나님을 추궁합니다. 그리고 이제 내 생명을 가져가라고 엄포를 놓습니다. 이제는 살 필요도 없고 아무 의미도 없다는 말입니다.

여태까지 감추어져 왔던 요나의 본색이 드러나는 순간입니다. 그러나 여호와의 긍휼은 아직도 다함이 없습니다. 하나님은 그런 요나에게 조용히 물으십니다. '너의 성냄이 어찌 합당하냐?' 이것이 하나님의 대답입니다. 하나님은 그런 요나의 반대와 반항에도 끝까지 당신의 설득을 포기하지 않으십니다. 이방의 니느웨에 대해 오래 참으신 하나님은, 거꾸로 간 이스라엘의 선지자 요나에 대해서도 오래 참으십니다. 그래서 요나를 또 설득하려고 교보재를 준비하십니다. 요나가 한발 앞서가는 것 같지만, 언제나 하나님의 손길이 먼저 입니다. 요나가 기뻐하던 조그만 박 넝쿨 하나가 흥하고 망하는 것을 통해서, 여호와 하나님은 요나에게 당신의 마음이 어떤 것인지를 보이시고자 하십니다. 요나는 기껏 자신의 논리를 가지고 자신을 변호해 보지만, 결국 자기 함정에 빠지고 맙니다. 자신이 수고도 하지 않은 그 박 넝쿨 하나를 아꼈다면, 하나님이 그 큰 니느웨 성읍을 아끼는 건 너무도 당연하기 때문입니다. 그런 하나님의 마지막 설득에 대해 요나의 대답은 보이지 않습니다.

(5) 전체 정리
이렇듯이 요나와 하나님의 평행선은 요나서 전체에 끊임없이 흐르고 있습니다. 요나서 1장에서는 요나의 행동으로 그 불순종이 드러났다가, 요나서 2장과 3장에서는 감추어진 채 그 내면에서 요나의 반항(反抗)이 진행됩니다. 그러나 요나서 4장에 가서는 모든 것이 폭발하게 됩니다. 4장에서는 여러 가지가 모두 적나라하게 드러납니다. 요나의 마음과 생각이 아주 분명하게 드러나며, 하나님의 마음과 생각이 극명하게 제시됩니다. 요나와 니느웨를 향한 하나님의 오래 참음과 자비가 함께 밝혀집니다. 이렇기 때문에 요나서 전체를 요나의 '불순종-회개-선교-침체'라는 틀로 읽는 것은 마땅치 않습니다. 오히려 '요나와 하나님의 평행선'으로 보아야 합니다. 이런 요나서의 모습을 다음과 같이 간단히 정리할 수 있습니다.

근본 입장	요나		여호와 하나님		선원/니느웨 성
	거부, 싫음, 멸망을 바람		심판, 자비, 은혜, 설득		은혜의 수혜자
	형태	요나의 모습	형태	하나님의 모습	
1장	행동 (외형적)	다시스로 도망	말 행동 (외형적)	명령 폭풍, 제비뽑기, 큰 물고기로	이방 선원이 여호와를 알게 됨 재앙을 면함
2장	기도(말) (내면적)	기도하지만 회개하지 않음		감추어짐	(이방에 대한) 요나의 무시
3장	행동 (내면적)	전파하지만 자기 생각	말	명령 재앙을 거두심	니느웨 성의 회개 재앙을 면함

| 4장 | 기도(말)
행동
(외형적) | 결과에 반대
전면적 반항 | 말
행동
(외형적) | 질문
박 넝쿨,
동풍,
벌레로 | 니느웨에 대한
하나님의 관심 |

표 6.3. 요나서에 나타난 요나와 하나님의 평행선과 그 수혜자

3. 중요한 질문 세 가지

이제 필자의 논점과 증거는 설명되었습니다. 그러나 이것으로 연구가 끝나서는 안 됩니다. 지금까지 이해한 요나서의 내용이 제시하는 메시지와 우리를 향한 교훈을 살펴보아야 하기 때문입니다. 이를 위해서는 다음의 세 가지 질문이 중요합니다.

① 요나와 하나님의 평행선이라는 틀이 지닌 의미는 무엇인가?
② 요나가 하나님의 생각을 그렇게 반대하는 이유는 무엇인가?
③ 왜 그렇게 니느웨가 갈등의 중심 요소로 작용하는가?

이에 대해서는 3부에서 살펴보겠습니다.

III부 – 요나서의 주제와 적용

7장 · 요나서의 목적과 주제

7

1. 요나서의 기본 흐름과 패턴

지난 장까지는 요나서가 가진 전체 이야기의 흐름과 기본 패턴에 대해 살폈습니다. 요나서가 요나의 '불순종-회개-선교-침체'라는 패턴으로 되어 있지 않고, 처음부터 끝까지 요나와 하나님의 대립을 보여주었습니다. 요나서 1장에서는 요나가 여호와의 낯을 피하여 조용히 도망갔었고, 2장과 3장에서는 자기 속마음을 감춘 채 기도하며 메시지를 전했습니다. 그러다가 결국 4장에 가서 요나가 견지해 왔던 기본 마음과 행동 모두가 아주 적나라하게 드러났습니다. 요나서의 패턴은 요나와 하나님이 계속 평행선을 달리는 것이었고, 이런 대립은 특별히 4장에 가서 절정을 이루었습니다.

그렇다면 이제 요나서가 지닌 이런 패턴과 흐름이 과연 무엇을 의미하는지 살펴봐야합니다. 저자가 시종일관(始終一貫) 요나와 하나님의 대립을 묘사하고 있는 이유를 찾는 겁니다. 특별히 이런 대립과 싸움이 4장에서 극대화되며 막을 내리는 이유가 무엇인지를 잘 깨달아야 합니다. 자연히 이런 궁금증은 요나서 전체가 가진 주제와 목적에 연결되어 있습니다. 저자가 어떤 의도와 방향을 갖고 이렇게 꾸며놓았을 것이기 때문입니다. 이번 장에서는 요나서가 가진 목적과 주제가 무엇인지를 살펴봅니다.

2. 요나서가 쓰인 이유에 대한 네 가지 제안

요나서의 목적과 주제를 밝히는 일은 쉽지 않은 작업입니다.[1] 이미 고대로부터 지금까지 많은 사람들이 이에 대해 논의해 왔지만, 분명하고 확정적인 답이 마련된 것 같지는 않습니다. 주로 몇 가지 견해가 계속 반복되며 복합적으로 연결되어 다양한 입장이 제시되고 있습니다.[2] 이 책에서는 그런 흐름을 간단히 네 가지 면에서 정리하고자 합니다.[3]

---

1 엄밀히 말하면 목적과 주제는 다릅니다. 요나서의 목적이 곧 요나서의 주제라고 볼 수는 없습니다. 하지만 이 두 가지가 서로 긴밀히 연결되어 있다는 점은 부인할 수 없습니다. 이 책에서는 이 두 가지를 같이 통합하여 다룹니다.

2 Salters는 요나서의 목적에 대한 과거의 해석 경향을 설명한 후, 그와 연관하여 현대의 해석 경향을 크게 universalism과 non-universalism으로 나누어서 설명합니다(Salters, *Jonah* [1994], chapter 7. The Purpose of the Book, pp.51-61). 반면 Alexander는 요나서의 목적에 대한 해석의 경향을 크게 네 가지로 (repentance, unfulfilled prophecy, Jewish attitudes towards Gentiles, and theodicy) 분류하여 설명합니다(Alexander, *Jonah*, pp. 81-91). 본고는 Alexander의 분류를 각색하여 필자의 견해를 간단히 설명합니다.

3 이와 관련된 학문적 논쟁을 구체적으로 밝히는 일은 이 책의 범위를 넘어섭니다. 본 장에서는 다만 기본 견해를 논리적으로 살핍니다.

(1) 이방인을 향한 선교

이방인 선교에 대한 하나님의 관심

가장 먼저 생각할 수 있는 입장은 요나서가 이방인 선교를 위해 쓰였다는 견해입니다. 구약에서도 구원의 은혜는 유대인에게 한정되지 않고 이방인에게도 열려 있었다는 점을 밝히려고 요나서가 쓰였다는 겁니다. 이런 판단은 어거스틴과 루터에게서 뿐 아니라 현대의 학자들 중에서도 찾아 볼 수 있습니다.[4] 요나서에 이방인에 대한 관심이 유난히 두드러지게 나타나 있는 모습이 이런 생각을 하게 되는 가장 큰 이유입니다. 니느웨에 가서 전파하라는 여호와의 명령만이 아니라, 책 전반에 이방인에 대한 우호적인 표현들이 등장하기 때문입니다.

어려운 점들

하지만 이 견해를 그대로 다 받아들이는 건 어렵습니다. 그 첫째 이유는 이방인 선교가 구약 시대에 강조되었다고 보기 힘들기 때문입니다. 실제 이방인 선교의 강조는 신약 시대 이후에 나타납니다. 구약의 유대인들은 모든 역사와 사건을 이스라엘과 예루살렘을 중심으로 이해했기에, 모든 것이 예루살렘과 이스라엘로 돌아와야 한다고 생각했습니다. 이방인들이 받아들여지기는 했습니다. 하지만 그건 그들이 이스라엘로 편입되는 형태였지, 이스라엘

---

4 Alexander는 H. H. Rowley, E. Haller, Eybers 등의 현대 학자들이 이런 입장에 있다고 합니다. Alexander, *Jonah*, p. 85. esp. n. 2.

백성들이 다른 나라에 가서 선교를 해야 하는 방식은 아니었습니다. 요나서가 이방 선교의 강조를 위해 쓰였다고 보는 시각은 신약의 입장에서 구약을 읽는 방식이지, 구약의 이스라엘 백성들이 요나서를 읽던 (듣던) 방식은 아닙니다.

두 번째 어려움은 요나서의 초점이 실제 이방인에게 있기보다 요나의 불순종이나 요나와 하나님의 대결에 있다는 점입니다. 만일 요나서가 진정으로 이방인 선교에 초점을 두었다면, 이방인 선교라는 주제가 요나서에 좀 더 부각되었어야 합니다. 이방인에 대한 관심이 요나서에서 하나의 소재(素材)로 사용되기는 했지만, 그런 관심을 요나서 전체의 핵심 주제로 보기에는 미흡합니다.

셋째, 보다 더 의미심장한 이유는 요나서 3장에 등장하는 요나가 온전한 선교사의 모습으로 나타나지도 않는다는 점입니다. 요나는 시종일관 하나님과 등진 것으로 묘사되고, 3장에서도 그 근본 태도는 변치 않습니다. 만일 선교를 독려하려 했다면, 그런 선교의 역할을 감당하는 사람의 모습이 아주 중요합니다. 그래서 요나가 처음에는 그 선교를 싫어해 도망갔다고 할지라도, 나중에는 (즉, 3장에 와서는) 좀 더 온전한 선교자의 모습으로 비추어졌어야 합니다. 그러나 요나서에서 선교를 감당하는 요나의 모습은 이미 살펴본 것처럼 그렇지 못합니다. 요나는 시종일관 철저하게 하나님과 등지고 있습니다. 물론 이런 내용으로도 선교에 대한 어떤 메시지를 만들 수는 있습니다. 선교 책임을 맡은 자가 그 역할을 제대로 감당하지 못해도 하나님의 은혜가 이방인들에게 전파된다는 메시지입니다. 그러나 이런 메시지는 이방 선교 사역을 장려하려고 요나서가 쓰였다는 주장과는 차원이 좀 다릅니다. 하나님과 등진 채로 이방에 메시지를 전하는 요나의 모습이 이방 선교를 독려하기는 어렵기 때문입니다.

결국, 요나서에 나타난 이방인에 대한 관심을 하나님의 은혜와 자비라는 측면으로 생각할 수는 있지만, 그것이 곧 이방 선교를 독려하는 직접적인 메시지라고 보기는 어렵습니다.[5]

(2) 참 선지자와 예언을 판단하는 근거

참 선지자와 참 예언이 무엇인가?

요나서가 이방인보다도 요나 자신에 대해 더 많은 관심을 가지고 있다는 측면에서 요나서가 쓰인 이유를 찾기도 합니다. 요나를 묘사하면서 참 선지자의 모습과 참 예언이 어떤 것임을 밝히려 했다는 생각입니다. 요나 자신은 자기 메시지가 성취되지 않는 것을 두려워했고, 그래서 니느웨 전체가 회개하고 돌아섰을 때 화를 냈다는 겁니다. 자신이 전한 메시지가 실현되지 않으면, 결국 선지자 자신은 거짓 선지자로 판명 날 수 있습니다(참조. 신 18:22). 그래서 저자는 이런 요나의 모습을 통해서 참 선지자를 판별하는 기준

---

5 물론 이 요나서 본문으로 현대 선교의 주제에 나와 우리에게 적용할 수는 있습니다. 그러나 요나서 본문이 곧 선교의 메시지를 직접 말한다고 해석하기는 힘듭니다. 이처럼 해석과 적용을 잘 구분하는 것은 중요합니다. 이에 대한 간략한 설명은 다음의 책을 참조하시기 바랍니다. 이진섭, 『그리스도인의 계획 어떻게 세울 것인가?: 실제 편』 (서울: 경륜, 2001), pp. 81-87.

에 대해 말했다는 겁니다.[6]

이런 시각에는 여러 가지 세부 견해가 있는데, 그 중의 하나는 요나서가 예언에 대한 두 가지 시각 사이의 갈등을 다룬다고 보는 견해입니다.[7] 즉 예언이 절대적으로 이루어진다고 믿는 전통적 견해와, 예언이 나중에 상황에 따라서 변할 수 있다고 보는 새로운 사조와의 갈등을 요나서가 다룬다는 겁니다. 특별히 이스라엘 민족이 포로에서 회복되는 상황에 이런 신학적 갈등과 의문이 일어났다고 봅니다. 처음에 이스라엘을 향해 하나님께서 선언하신 재앙은 절대적이었는데, 포로 회복의 상황에서 그 하나님의 선언이 바뀔 수 있다는 신학 사조가 생겼고, 그런 신학 사조를 변호하는 입장에 요나서가 서 있다는 주장입니다. 이런 생각은 요나서가 쓰인 연대를 포로 회복기 전후로 보는 견해와 관련됩니다.

여전히 어려운 점들

이런 견해에 장점이 있는 것은 사실입니다. 요나서에 중요하게 흐르는 '요나의 갈등'이 존재하는 이유를 설명하려 했기 때문입니다. 하지만 잘 납득가지 않는 몇 가지 점도 함께 생각해 보아야 합니다.

첫 번째 어려움은 요나서에 선지자란 말이 한 번도 등장하지 않

---

6 이런 견해와 유사하게 생각하는 학자들은 Alexander에 따르면, G. Emmerson, J. Licht, F. Hitzig, A. Feuillet, A. Rofé 등입니다(Alexander, *Jonah*, pp. 83-85). 물론 보다 세부적인 견해는 학자마다 각기 다릅니다.

7 예를 들어, Alexander는 Rofé가 이런 견해를 보인다고 합니다(Alexander, *Jonah*, p. 84).

는다는 사실입니다. 요나서에는 요나가 선지자의 역할을 맡은 것처럼 묘사되기는 하지만, 구체적으로 '선지자 요나'라는 언급은 없습니다. 요나 자신을 소개할 때에도 '아밋대의 아들 요나'라고만 기록되어 있을 뿐입니다. (이것은 왕하 14:25에 등장하는 요나에게 '선지자'란 명칭이 분명히 붙는 것과 대조됩니다.)[8] 만일 저자가 참 선지자와 그 예언의 진정성 문제를 논의하고자 했다면, 요나에게 분명히 선지자란 호칭을 붙이는 게 글 쓰는 목적에 부합했을 겁니다. 그런데 요나서에는 그런 선지자 호칭이 빠져있습니다. 그래서 어렵습니다.

또 한 가지 문제는 그 견해가 요나의 심리를 지나치게 고려했다는 점입니다. 요나서 본문에는 요나가 스스로 참 선지자가 되려고 여호와의 명령을 거부했다는 점이 명확하게 나타나지 않습니다. 요나가 니느웨 성의 멸망을 바란 것은 분명하지만, 그 이유가 참 선지자로 남으려는 요나의 심리적 갈등이었다고 보기는 힘듭니다. 만일 참 선지자로 남으려고 요나가 그랬다면, 오히려 그것이 또 다른 문제를 만듭니다. 요나 자신이 참 선지자로 남으려고 여호와께 불순종하는 엉터리 선지자가 되기 때문입니다. 그렇게 되면 요나는 내면적으로 일관성이 부족한 지극히 모순적인 사람이 됩니다. 요나의 심리적 이유를 따지려다가, 오히려 심리적으로 앞뒤가 맞지 않는 요나를 주장하는 꼴이 됩니다.

또한 요나서를 통해 예언의 두 가지 사조 사이의 갈등을 보이려고 했다는 점도 이상합니다. 만일 요나가 예언에 대한 전통적 입

---

8 왕하 14:25은 '그 종 가드헤벨 아밋대의 아들 선지자 요나'라고 표현합니다.

장(예언이 꼭 이루어진다는 입장)을 대표한다면, 요나는 그런 전통적 입장의 선지자들과 (즉, 예언의 효력이 분명했던 엘리야나 엘리사 같은 선지자와) 유사한 모습이 있어야 할 것입니다. 그런데 요나서에 등장하는 요나는 엘리야나 엘리사같이 하나님께 충성스런 선지자 모습과는 너무나 다르게 나타납니다. 그래서 요나가 그런 훌륭한 선지자 군을 대표했다고 보기가 어렵습니다. (고대의 유대인들은 이런 요나를 전통적인 선지자의 대표 격으로 보지 않았을 것입니다.)

네 번째 이유는 저작 시기와 저자에 대한 논의와 관련됩니다. 만일 포로 시대 후반부의 신학적 사조를 변호하려고 요나서를 썼다면, 또 다른 문제가 등장합니다. 니느웨는 BC 612년경에 멸망합니다. 만일 이스라엘의 포로 회복과 관련하여 요나서가 쓰였다면,[9] 요나서가 기록되기 이전에 이미 니느웨는 멸망한 것이 됩니다. 그리고 니느웨가 이미 멸망했다면, 요나서를 읽던 (들었던) 사람들은 요나의 메시지가 (니느웨 멸망의 메시지가) 결국 성취되었다고 생각했을 겁니다. 그렇다면 결국 요나가 대표하는 전통적인 선지자들의 주장이 (즉, 선지자가 전한 하나님의 선언이 궁극적으로 성취된다는 주장이) 오히려 타당성이 있게 됩니다. 바로 이런 점 때문에 요나서가 예언에 대한 새로운 신학 사조(조건적인 예언 성취)를 변호하려고 쓰였다는 주장은 그렇게 적절해 보이지 않습니다.

---

9 유대인의 바벨론 포로 생활은 BC 605년경부터 시작되고, 포로 회복은 약 BC 538년부터 시작됩니다. 그러므로 바벨론 포로기간 때는 이미 니느웨가 멸망당한 후입니다.

(3) 교만한 유대인을 향한 회개 촉구

교만한 유대인들에게 경고를 하려는 책

보다 보편적인 생각은 요나서가 교만한 유대인들에게 회개를 촉구하려고 쓰였다는 입장입니다. 요나가 이스라엘 백성을 대표하는 자로 등장한다면, 그가 지속적으로 하나님과 등지는 모습은 결국 이스라엘 전체가 여호와의 마음을 따르지 않는 모습을 가리킵니다. 요나가 훈계를 들을 필요가 있다면, 교만한 이스라엘 백성 전체도 이런 훈계를 들어야 합니다. 물론 이런 생각도 여러 견해로 나뉩니다.

이방 선원과 니느웨 백성이 유대인들의 회개를 촉구하려고 보조적으로 출연했다고 보는 견해도 있습니다. 만일 이방인들이 여호와를 두려워하며 회개했다면, 당연히 이 요나서를 듣는 유대인들은 회개해야 한다는 겁니다.[10] 이방인 선교를 반대하는 유대인들을 경고하려고 요나서가 쓰였다고 보는 견해도 있습니다.[11] 또 다른 견해는 교만한 유대인의 모습을 에스라와 느헤미야 시대와 연결해 보려는 시도입니다. 에스라와 느헤미야 시대에 유대인들은 특별히 이방인들에 대한 반감과 독단적인 태도를 취하고 있었는

---

10 이런 생각은 고대부터 있었다고 볼 수 있습니다. 그 대표적 예는 제롬(Jerome) 입니다. Jerome, 'Commentariorum in Ionam Prophetam', *Corpus Christianorum* (Series Latina) 76 (1969), pp. 376-419 (Alexander, *Jonah*, p. 82. n.1에서 재인용).

11 이런 견해는 요나서가 이방 선교를 위해서 쓰였다는 견해와 연결되어 있습니다. 어거스틴과 루터 뿐 아니라 현대의 학자 중에도 이런 견해를 취하고 있는 경우가 적지 않습니다.

데,[12] 그런 지나친 반감을 교정하기 위해서 요나서가 쓰였다는 생각입니다. 요나서를 통해서 에스라와 느헤미야 시대에 흐르는 이방인들에 대한 악감정을 해소하려 한다는 것입니다.[13]

이런 종류의 시각이 한편으로는 요나서에 등장하는 패러다임과 잘 어울리는 것은 사실입니다. 요나가 여호와께 끊임없이 불순종하는 모습으로 나타날 뿐 아니라, 그 요나의 불순종이 니느웨 성의 멸망과 관련되기 때문입니다. 이 시각이 요나와 하나님의 평행선이란 틀과 어떤 점에서 어울리는 면이 있습니다. 하지만 이런 목적을 수긍한다고 해도 아직 답변하기 힘든 부분들이 좀 남습니다. 그래서 몇 가지를 더 생각해 보아야 합니다.

몇 가지 생각해야 하는 점

첫째는 요나와 이스라엘을 그대로 연결시키기가 힘들다는 점입니다. 앞의 견해는 요나가 이스라엘의 대표가 되고 니느웨가 이방인의 대표가 될 때 잘 설명됩니다. 그런데 니느웨가 이방을 대표하는 대명사 격으로 쓰일 수는 있어도, 요나가 교만한 이스라엘을 대표한다고 보기는 쉽지 않습니다. 요나서에서 계속 요나라는 이름은 언급되지만, 이스라엘이라는 말은 등장하지 않습니다. 더구나 요나서에서는 요나에게 어떤 독특한 호칭도 주어지지 않기에,

---

12 예를 들어, 에스라 9-10장에 보면 이방인들과 결혼한 사람들을 아주 엄하게 다루는 모습이 나옵니다. 이것은 이방인들에 대한 극단적인 반감의 표시라고 봅니다.

13 이런 생각들은 19세기와 20세기 학자들에게 주로 나타납니다. Alexander는 이런 학자들을 다음과 같이 나열합니다: E. Knig, Bewer, G. Von Rad, B. S. Childs, O. Loretz, Wollf (Alexander, *Jonah*, p. 86. n. 1).

요나가 어떤 특정한 위치를 지닌 대표적 인물로 묘사되었다고 보기도 힘듭니다. 만일 요나서의 요나가 열왕기하 14:25에 등장하는 선지자 요나라면 한 가지 문제가 더 생깁니다. 여로보암 왕 2세 때에 등장하는 선지자 요나는 불순종하는 모습으로 나타나고 있지 않기에, 그 선지자 요나가 불순종하는 이스라엘을 대표한다고 보기가 어렵습니다.

두 번째 문제는 이스라엘 백성보다 니느웨 백성이 요나서에 좀 더 부각된다는 점입니다. 이스라엘 백성을 지적하고 이스라엘의 구원과 회개를 의도했다면, 이스라엘에 대한 직접적 언급이나 간접적인 암시가 필요합니다. 하지만 그런 내용은 요나서에 거의 보이지 않습니다. 오히려 니느웨의 회개와 이방인들의 회복 문제가 더 중요한 이슈로 등장합니다. 요나와 하나님이 대립되어 있는 점도, 이스라엘의 문제 때문이기보다는 니느웨의 문제 때문입니다. 이런 점과 관련해서 특별히 요나서 4장이 중요합니다. 요나서에 등장하는 하나님과 요나의 대립이 4장에 가서 폭발하는데, 그 내용의 중심에 니느웨의 회복이 중요한 변수로 작용합니다. 그러므로 요나서를 쓴 목적은 이스라엘 백성의 불순종보다는 니느웨의 회복과 관련되었다고 보는 게 낫습니다.

요나서 4장에 나타난 하나님의 질문도 중요합니다. 하나님은 요나가 성내고 있다는 사실을 지적하시고, 그 성냄이 합당하지 않다고 말씀하십니다. 하나님께서 지금 행하시는 게 합당하다고 말합니다. 요나서의 틀은 요나와 하나님의 평행선이고, 그 평행선은 4장에서 가장 극치를 이루며, 그 극치의 정점에 하나님의 이런 답변과 질문이 있습니다. 그러므로 요나서의 목적과 주제를 생각할 때, 이 여호와의 질문을 무시할 수 없습니다. 요나서의 목적과 주제를 다루는 어딘가에 하나님이 질문하시는 이런 내용이 중요한 자리를 차지해야 한다는 뜻입니다. 이것을 고려하면서 다른 각도로 요나서를 한 번 더 살펴볼 필요가 있습니다.

(4) 하나님의 변론: 이스라엘이 당면한 역사적 신학적 문제에 대한 답변

마지막으로 생각해 볼 수 있는 견해는 이스라엘이 당면한 역사적이고 신학적 문제에 답하려고 요나서를 썼다는 시각입니다. 이런 관점은 니느웨에 가서 회개의 메시지를 전하라는 여호와의 명령을 요나가 왜 반대하고 있는지 잘 설명하여 줄 뿐 아니라, 요나서에서 니느웨의 멸망과 회복에 대한 이슈가 중요하게 등장하는 이유도 잘 밝혀 줍니다. 이를 이해하려면 요나가 살았던 시대 상황을 생각해 보아야 합니다.

이스라엘의 상황

요나서의 요나가 열왕기하 14:25에 언급된 선지자 요나라면, 요나가 살았던 북 이스라엘은 여로보암 왕 2세가 통치하던 시대입니다. 이때 선지자 요나는 북 이스라엘 나라의 영토 회복의 메시지를 전했고, 그 예언대로 북 이스라엘의 영토는 확장됩니다. 이스라엘은 정치 경제적으로 번영을 누립니다. 여호와께서 이스라엘 백성들이 당하는 고난을 어느 정도 회복시키셨습니다(참조. 왕하 14:25-27). 그런데 문제는 이 여로보암 왕 2세가 통치하던 시대가 하나님 보시기에 참 악한 모습이었다는 점입니다. 여로보암 왕 2세는 여호와 앞에서 악한 왕으로 판단될 뿐 아니라, 그 시대 사회 전체는 타락의 길을 갔습니다. 여호와께서 일으키신 정치적, 군사적, 경제적인 번영은 오히려 안 좋은 쪽으로 사용 되었습니다 (참조. 왕하 14:23-24, 28-29). 경제적 부는 일부 지도자들에게 국한되어 백성들은 오히려 극심한 빈곤을 겪었고, 하나님의 공의는 집행되지 않고 불의가 공공연하게 자행되었습니다. 그래서 이런 이스라엘의 타락을 요나와 동시대 선지자인 아모스와 호세아는 적나라하게 꼬집었습니다. 이스라엘의 타락이 더해지자 결국 북 이스라엘에 대한 멸망 선언이 선지자들을 통해서 전파됩니다. 이제 하나님은 이스라엘을 버렸고 다른 나라를 통해 북 이스라엘이 멸망당한다는 메시지였습니다. 그런데 북 이스라엘을 멸망하는 나라가 다름 아닌 아시리아(Assyria, '앗수르')였고, 니느웨는 그 아시리아의 대명사였습니다. 그러니까 요나서에서 말하고 있는 니느웨 성은 바로 이스라엘 나라의 멸망과 직결되어 있습니다. 니느웨의 멸망이 바로 이스라엘의 존폐와 연결되어 있었습니다.

이스라엘이 갖고 있었던 역사적 신학적 문제

이런 역사적 배경 때문에 요나가 살았던 시절의 이스라엘 민족에게는 여러 가지 어려운 문제가 등장했을 수 있습니다. 그런 문제들을 잘 살펴야 요나서가 쓰인 이유를 더 이해할 수 있습니다.

첫째는 하나님께서 주신 번영에 대한 시각입니다. 하나님께서 악한 이스라엘 백성에게 번영을 주었는데, 그것이 결국 좋은 결과를 내지 못하고 지속적인 타락에 이르게 한다는 현실입니다. 여호와께서는 여로보암 왕 2세 시대의 이스라엘의 어려움을 보시고 자비를 베푸셨지만, 그 여호와의 자비가 결국 북 이스라엘의 타락과 계속 연결되어 있습니다. 이렇다면 중요한 의문이 등장할 수 있습니다. 타락에 도움이 될지 모르는 번영을 허락할 필요가 있을까 하는 의문입니다. 하나님이 가지신 자비가 과연 악한 백성을 회복시키는 데에 얼마나 도움이 되는가 하는 문제입니다. 어쩌면 악한 니느웨 백성에게 자비를 베푸시는 하나님을 향해 요나가 가진 근본 의문이 이런 배경과 관련 있는지도 모릅니다.

두 번째 문제는 이스라엘 백성의 멸망에 대한 문제입니다. 이스라엘은 하나님의 백성이었고 여호와의 자녀였습니다. 호세아서에서는 이스라엘을 하나님 앞에서 신부로 묘사합니다. 그런데 그런 이스라엘이 잘못했다고 해서 이스라엘 전체가 어떻게 완전히 멸망할 수 있냐는 의문입니다. 징계를 받을 수 있지만, 이스라엘 전체가 다른 나라에 의해 망하게 될 거라는 생각은 마땅치 않습니다. 이스라엘이 멸망당한다는 생각은, 곧 그들이 믿고 있는 여호와를 부정하는 꼴이 되기 때문입니다. 그래서 많은 거짓 선지자들과 지도자들이 이스라엘의 번영과 생존을 더 주장했습니다.

그런데 더 놀라운 것은 이스라엘의 멸망이 이방 민족과 나라를 통해서 이루어진다는 메시지였습니다. 이스라엘의 악함을 징벌하시는 건 이해가 되지만, 그 징벌이 악한 이방 민족을 통해서 이루어진다는 주장을 이스라엘 백성들은 이해하기 더 힘들었습니다.

어떻게 여호와께서 자기 백성의 허물을 징치(懲治)하려고 더 악한 이방 백성을 사용하시냐는 고민입니다. 악한 나라 아시리아를 통해서 북 이스라엘의 멸망을 의도하셨다는 말이, 이스라엘 백성에게는 풀리지 않는 숙제였습니다. 바로 이점이 요나서를 이해하는데 중요합니다. 니느웨 성은 아시리아의 대명사였기 때문입니다. 그러니까 요나가 악하고 큰 니느웨 성읍의 멸망을 바라는 고집은 북 이스라엘의 역사적 문제와 깊이 연관되었다고 볼 수 있습니다. 니느웨의 회복은 거꾸로 보면, 북 이스라엘의 멸망입니다. 이스라엘보다 더 악한 니느웨의 회복을 위해서 이스라엘의 선지자가 일한다는 사실이, 더구나 그 니느웨의 회복이 결국 이스라엘의 멸망으로 나간다는 사실이 마땅치 않아 보이기 때문입니다.[14]

이런 세 가지 의문들은 결국 보다 궁극적인 질문을 요구합니다. 그것은 다름 아닌 하나님을 향한 의문입니다. 과연 이런 모든 일을 행하시는 하나님은 과연 공의로우신가? 악한 백성에게도 자비를 베푸시는 하나님, 자기 자녀인 이스라엘 백성을 멸망시키시는 하나님, 더구나 이스라엘을 멸망하게 될 그 악한 백성을 긍휼히 보시는 하나님의 자비가 과연 정당한가, 하는 의문입니다. 바로 이런 의문과 궁금증이, 요나서의 시대적 상황이 가진 역사적인 배경이

---

14 물론 이런 식의 문제가 요나서 자체에서는 분명히 언급되지 않습니다. 하지만 이런 의문이 이스라엘 백성, 특히 선지자들에게 커다란 문제였다는 점은 의심할 여지가 없습니다. 이방 민족을 통해서 이스라엘을 심판하신다는 하나님의 선언이 이스라엘 백성과 일반 선지자들에게 종종 받아들여지지 않은 것을 보면 잘 알 수 있습니다(e.g. 렘 28:1-16). 특별히 하박국서 선지자는 이런 고민을 분명히 드러냅니다(참조. 합 1:12-17). 하박국 선지자가 바벨론을 통한 남 유다의 멸망 문제에 의문을 갖고 있었듯이, 선지자 요나는 아시리아(니느웨)를 통한 북 이스라엘의 멸망 문제를 고민할 수 있습니다.

자 신학적인 질문이었습니다. 그래서 요나서를 이런 상황과 연관하여 살펴봐야 합니다. 이런 질문을 염두에 두면서 요나서를 읽을 때, 요나서 본문을 잘 이해할 수 있을 뿐 아니라, 요나서를 쓴 목적을 더 잘 깨달을 수 있습니다.

요나서가 주고 있는 답

① 하나님의 자비는 공평하다

이런 시대적 의문에 대해 요나서는 몇 가지 가능한 답변과 실마리를 제공합니다. 첫째는 하나님의 자비가 누구에게나 공평하다는 사실입니다. 여호와께서는 곤핍한 이스라엘에게 영토 회복이란 자비를 베푸셨습니다. 그런데 그런 하나님의 자비는 이스라엘 백성에게만이 아니라 이방인에게도 해당됩니다. 하나님이 이스라엘에게 베푼 자비가 공정하다면, 회개한 니느웨 백성에게 자비를 베푸시는 것도 공정합니다. 하나님은 편협하게 한쪽에서만 일하시는 분이 아니라, 전 우주를 다스리시는 분이십니다. 그렇기에 니느웨를 향한 하나님의 관심은 당연한 것이며 하나님 보시기에 합당한 모습입니다. 요나서 전체에 흐르는 창조 신학을(creation theology) 이런 면에서 잘 수긍할 수 있고, 요나서 4장에 등장하는 하나님의 질문을 이런 관점에서 생각해 볼 수 있습니다.

② 하나님의 멸망 선언도 공평하다

두 번째 가능한 답변은 하나님의 멸망 선언이 정당하다는 것입니다. 이스라엘의 악함을 보시고 멸망을 선언하신 하나님은 이방 민족의 악함에도 멸망을 선언하십니다. 당시 이방의 대표 격인 니느웨에 멸망을 선언하셨다면, 그 하나님은 이스라엘 뿐 아니라 이방 전체의 생사 문제에 권한을 가지신 분이십니다. 이스라엘에게 멸망을 선언하실 수 있는 분이시며, 또한 니느웨의 악함을 그냥 보지 못하는 분이시라는 뜻입니다. 그렇기에 이스라엘에게 전한 멸망 선언도 그리 불합리한 일이 아닙니다. 하늘과 바다를 다스리시는 하나님은, 악을 미워하시며 하나님의 통치에 합당치 아니한 나라들을 치리하십니다. 이스라엘에게만 멸망을 선언하신 게 아니라, 그 이스라엘을 멸망시키는 나라에 또한 멸망을 선언하는 분이십니다. 중요한 것은 어느 나라가 멸망당하고 안 당하느냐가 아니라, 누가 악을 저지르지 않고 하나님이 원하시는 공의(公義)의 자리로 나오느냐 입니다. 하나님의 공의를 따르지 않는 백성을 멸망시키시는 하나님의 선언은 공평하다는 말입니다.

③ 하나님은 심판 자체를 의도하지 않고 회개와 회복을 바라신다

셋째로 그런 하나님의 심판 자체가 목적이 아니라는 점도 요나서는 밝히고 있습니다. 이스라엘의 멸망 선언에 대해 근본적인 고민을 하고 있던 이스라엘에게는, 심판 자체가 목적도 아니며 참 하나님의 의도도 아니라는 점이 중요합니다. 하나님은 누구에게나 동일하게 회복과 회개를 원하십니다. 이방의 백성들도 회개하면, 멸망의 선언을 돌이키십니다. 그렇다면 그분의 자녀인 이스라엘이 회개하는 모습은 어떻겠습니까? 하나님께서 니느웨 백성의

악함을 보시며 그들의 회개에 관심을 갖고 계신다면, 이스라엘 민족에게 내린 멸망의 선언에 대한 하나님의 의도도 바르게 이해할 수 있습니다.

④ 하나님이 역사를 다스리시는 손길은 정당하다

요나서가 제시하는 가장 중요한 답변은 역사를 다스리시는 하나님의 손길이 정당하다는 것입니다. 이스라엘에게 멸망을 선언하실 뿐 아니라 그 일도 이방 나라를 통해서 이루시겠다는 하나님의 결정은 정당합니다. 하나님은 누구냐에 상관없이 악함에 멸망을 선언하시고 회개에 합당한 대가를 주시는 분이시기 때문입니다. 이스라엘을 멸망시키게 될 니느웨에 대해 이스라엘이 가진 악감정은 바르게 교정되어야 합니다. 요나서에 등장하는 요나는 어쩌면 이스라엘 민족이 당면한 이런 역사적·신학적인 문제를 대변하는 인물인지 모릅니다. 요나서는 이런 상황에서 어떻게 하나님께서 니느웨 편을 드실 수 있냐는 의문을 다룹니다. 그러나 요나서는 역사를 다루시는 하나님의 방법이 정당하다고 말합니다. 니느웨의 악함을 그냥 간과하지 않고 멸망을 선언하시기도 하며, 니느웨가 회개할 때 그들에게 자비를 베푸시기도 합니다. 하나님은 그분의 지혜와 지식을 가지고 이 역사 전체를 운영해 가십니다. 이방의 큰 성읍에 있는 많은 백성들과 그곳의 가축들조차도 그분이 다스리시는 역사에서 제외될 수 없기에, 인간이 가진 부족한 판단과 왜곡된 역사의식으로 하나님의 지혜를 거부해서는 안 됩니다.

3. 요나서의 목적과 주제

이런 점들을 고려하면서 요나서가 쓰인 목적과 요나서가 머금은 목적과 주제를 다음과 같이 정리할 수 있습니다.

첫째, 요나서는 이스라엘 역사에서 이스라엘 백성들이 이해하기 힘들었던 여러 의문을 다루기 위해서 쓰였습니다. 그 문제는 특별히 니느웨(아시리아)를 통한 북 이스라엘의 멸망과 관계됩니다. 도대체 어떻게 북 이스라엘이 이방 민족에게 멸망당할 수 있으며, 그렇게 역사를 진행해 나가시는 하나님은 과연 정당한가, 하는 의문입니다. 이에 요나서는 현실적이고, 역사적이며, 신학적인 답변의 기초를 제공합니다. 하나님께서 니느웨 백성에게도 동일한 관심을 갖고 계신다는 점을 보이면서, 그분이 이 역사 전체를 다루시는 모습에는 아무런 하자(瑕疵)가 없다고 말합니다. 하나님은 악한 모습을 그대로 놔두지 않으십니다. 하나님은 이스라엘에 멸망을 선언할 수 있는 분이십니다. 그것처럼 니느웨의 악함이 상달되었을 때도 니느웨에 멸망을 선언하십니다. 그뿐 아니라 니느웨의 악함을 경고하는데 요나를 보내십니다. 마치 이스라엘의 악함을 징벌하는데 아시리아(니느웨)를 쓰시듯이, 니느웨의 악함을 경고하려고 이스라엘 선지자 요나를 쓰십니다. 그러므로 이스라엘 백성들은 요나서를 읽으며 하나님께서 역사를 다루시는 지혜와 그 정당성을 인정해야 합니다.

둘째, 요나서는 인간의 역사 속에서 일어나는 그 모든 흥망성쇠(興亡盛衰)가 하나님의 손 안에 있다는 점을 알려주려고 합니다.

이스라엘이 멸망당할 거라는 선언은 이해하기 힘듭니다. 하지만 이스라엘의 멸망과 니느웨의 흥함은 거부할 수 없는 역사 현실입니다. 이런 것 모두가 하나님께서 이 역사를 다루어 가는 섭리 속에서 이루어진다는 사실을, 요나서는 은근히 보여줍니다. 하나님께서 니느웨를 다루시는 일에도 분명한 뜻이 있기에, 니느웨에 재앙을 거두신 결정은 합당합니다. 그래서 결국 이스라엘이 당면한 암담한 역사적 현실에서 하나님의 관심과 활동 모습을 알려주는 게 요나서의 중요한 관심인지 모릅니다. 즉, 요나서는 역사를 바라보는 열쇠가 하나님에게 있다는 사실을 밝힙니다. 인간이 모든 걸 이루는 것 같지만, 궁극적으로는 하나님의 일하심이 중요하며 하나님의 관심이 어디에 있느냐가 관건입니다. 하나님의 관심과 하나님의 일하심을 밝히는 것이 요나서의 중요한 주제라고 말할 수 있습니다.

요나와 하나님의 대립과 갈등이 요나서 전체에 계속 묘사되는 현상은 이런 의도와 관련됩니다. 요나는 지금 일어나고 있는 현실에 나름대로의 역사적인 의문과 신학적 관점을 가진 사람입니다. 그래서 그는 니느웨를 향해 하나님께서 진행하고자 하는 생각을 따르기 싫어합니다. 니느웨가 멸망하는 게 현재의 역사적 상황에서 가장 적절하다고 판단합니다. 그래서 요나는 자신의 정체성까지 포기하고 도망갑니다. 여호와께서 지적하셔도 자기주장을 버리지 않습니다. 죽음을 선택하기도 하고, 또 자기의 종교적 확신과 주장에 따라 기도도 하고 메시지도 전합니다. 그러나 역사는 하나님이 의도하신 마음과 판단대로 흘러갑니다. 결국, 요나는 폭발하고 맙니다. 니느웨에 자비를 베푸신 하나님을 이해하지 못합니다. 그러나 하나님은 끝까지 당신이 진행하는 모든 일이 정당함을 보이십니다. 니느웨의 악함을 그대로 보지 못하는 모습이나, 그들의 회개를 보고 자비를 베푸시는 일이 마땅하다고 합니다. 니느웨를 다루시는 하나님의 이런 모습은 이스라엘의 총체적 위기 상황 속에서 살았던 요나라는 선지자에게 중요한 메시지가 됩니다. 하나님께서 니느웨를 다루시는 행동이 이렇게 정당하다면, 이스라엘을 다루시는 하나님의 손길은 말할 것도 없기 때문입니다. 이런 의도 때문에 요나와 하나님의 평행선은 요나서 전체에서 흐르고, 맨 마지막 4장에 와서 결국 노출됩니다. 요나서 4장에 등장하는 하나님의 질문은 이런 배경 속에서 읽혀야 합니다.

8장 · 요나서의 교훈과 적용

1. 현실과 교회: 하나님과 평행선인 신자와 교회
   (1) 여호와의 낯을 피하는 행동
   (2) 하나님의 생각을 따르지 않는 자기주장의 기도
   (3) 내 말만을 전하는 사역
   (4) 교회 성장에 대한 왜곡된 이해

2. 역사와 신학: 역사와 신학에 대한 바른 이해
   (1) 내 앎의 체계에 대한 지나친 확신
   (2) 역사와 신학에 대한 바른 깨달음
   (3) 하나님 앞에 열려 있음(openness)

3. 하나님과 나: 나의 교만을 버리고 하나님의 마음을 닮아감
   (1) 나의 교만: 다른 사람을 정죄하는 교만에서 탈피해야 함
   (2) 하나님의 마음과 지혜: 하나님이 일으키시는 흥망성쇠를 따라 걸어야 함

지금까지 요나서가 쓰인 기본 흐름과 요나서가 가진 목적과 주제를 살폈습니다. 이제는 요나서가 현재의 우리에게 주는 교훈과 메시지가 무엇인지 생각해 볼 차례입니다. 성경의 기록은 과거 사실을 알려주는 것으로 끝나지 않고, 늘 현실을 살아가는 나와 우리에게 적용되어야 하기 때문입니다. 이 장(章)에서는 요나서가 제시하는 교훈을 크게 세 가지 영역에서 살피면서 현재의 모습에 다양하게 적용하려 합니다.

1. 현실과 교회: 하나님과 평행선인 신자와 교회

첫 번째 교훈의 영역은 현실의 삶과 교회의 모습입니다. 요나가 하나님과 지속적으로 평행선을 걸었었다는 점을 허투루 보아서는 안 됩니다. 여호와를 섬기고 경외한다던 선지자 요나가 요나서의 처음부터 끝까지 하나님과 평행선을 걸었다는 사실은 매우 충격적이고, 현재 우리에게 의미심장한 교훈을 던져줍니다. 요나가 그랬던 것처럼 나와 우리 교회도 겉으로는 하나님을 섬기는 자라고 말하면서 속으로는 요나처럼 늘 하나님과 등질 수 있기 때문입니다.

(1) 여호와의 낯을 피하는 행동

하나님께 불순종하는 가장 일반적인 행태

하나님께 불순종하는 가장 일반적 행태는 여호와의 낯을 피하는 모습입니다. 요나가 처음 여호와의 명령을 듣고 보인 행동이 바로 여호와의 낯을 피하는 것이었습니다. 여호와의 명령이 자기 마음에 들지 않자 '여호와의 낯을 피하여' 다시스로 도망갔습니다. 그런데 요나의 이런 행동은 독창적인 게 아닙니다. 고대로부터 지금까지 하나님과 등지는 사람들이 가진 전형적인 방법이 이것입니다. 하나님의 교훈을 듣고 나서 그것을 무시하고 회피해 버립니다. 나와는 관계가 없다고 안위(安慰)하거나, 내게는 필요치 않다고 무시해 버립니다. 하나님께서 나에게 요구하시는 교훈과 가르침은 어떤 면에서 아주 개인적이고 비밀스럽기에 나만 가만히 함구(緘口)하면 만사에 아무런 탈이 없어 보이기 때문입니다.

시대마다 유행어가 있기 마련입니다. 그 유행어는 일상적이고 별다른 뜻이 없는 것에서부터 시작합니다. 그러나 일단 유행어가 되면 그 조그만 표현이 커다란 힘을 지닙니다. 많은 사람들이 그것을 따라 합니다. 원래는 없던 새로운 의미와 힘이 생기기도 합니다. 그래서 사람들은 그 유행어를 들으며 깔깔대기도 하고, 그 유행어로 쉽게 다른 사람들과 의사소통을 하기도 합니다. 만약, 하나님께 불순종하는 사람들이 가진 유행어가 있다면, 그것은 바로 '여호와의 낯을 피하여'라는 말일 겁니다. 각 사람에게 하나님이 의도하시는 뜻과 내용은 각기 다르겠지만, 그 하나님의 뜻을 거부하는 태도는 유사합니다. '여호와의 낯을 피하는' 겁니다. 처음에는 하나님의 생각을 거역하는 게 좀 껄끄럽기도 하고 부담스러울지도 모릅니다. 그러나 일단 여호와의 낯을 피하는 게 내 생활에 유행어로 자리 잡으면 모든 게 자연스러워집니다. 하나님의 뜻을 무시해도 마음에 부담이 없을 뿐 아니라 갈등도 생기지 않습니다. 그냥 천연덕스럽게 매사에 여호와의 낯을 피해 갑니다. 시대마다 유행어는 바뀔지라도, 하나님께 불순종하는 이 유행어의 틀은 잘 바뀌지 않습니다. 하나님의 뜻이 나의 생각과 다를 때에는 언제든지 '여호와의 낯을 피하여' 가는 길을 선택합니다.

직장인과 경영주의 경우

이런 불순종의 유행어는 우리 생활의 가장 기본적인 곳에서부터 찾아옵니다. 직장에서 일을 시작하는 순간부터 커다란 고민에 부딪힙니다. 하나님 말씀의 원리를 따라 직장생활을 할 것인지, 아니면 세상의 원리를 그대로 수용해야 할지를 고민합니다. 처음에는 갈등이 있습니다. 그러나 바삐 돌아가는 업무 속에서 순간 내가 넘지 말아야 하는 선을 넘습니다. 그것이 반복되면서 나는 자연스럽게 생각합니다. 말씀의 원리를 이 일터에서 고수하다간 도태될 거라는 겁니다. 그래서 자연스럽게 분리 원칙을 마련합니다. 하나님의 원리는 교회와 신앙생활에서, 일의 원리는 회사와 직장생활에서 적용되는 것이라고 스스로 위로합니다. 교회에서 가르치는 분들은 이 일터의 생리와 현실을 모르기에 쉽게 말을 하는 거라고 자기 논리를 가집니다. 벌써 불순종의 유행어가 입가에 맴돌기 시작합니다. 결국 이런 생각은 나 자신과 교회 사이에 어느 정도 거리를 두게 합니다. 그리스도인 친구들과 멀어지기도 하고, 현실에서 먹고사는 문제만을 커다란 이슈로 생각하게 됩니다. 직장에서 경험하는 나의 문제를 신앙적으로 대화할 사람은 줄어들고, 세상이 갖고 있는 안 좋은 원리는 나에게 점점 가까워 옵니다. '여호와의 낯을 피하는' 일이 빈번해집니다.

이런 회피의 결과는 여러 모양으로 나타날 수 있습니다. 일을 할 때 사람들과 맺는 관계는 그다지 신경 쓰지 않으면서 업무의 효율은 점점 중요시합니다. 후배 직원이 갖고 있는 어려움을 이해하지 못하고, 동료들을 내가 하는 일에 필요한 사람들로만 여깁니다. 내 동료와 후배 직원들이 나에게 잘 해줄 것을 요구합니다. 직장에서 보내는 시간은 아주 중요하게 생각되지만, 가족과 함께 보내는 시간은 잘 내지 않습니다. 남편과 아빠의 역할은 공석이 되고, 회사의 과장과 팀장 자리는 든든히 채워집니다.

조그만 상점을 운영하거나 큰 사업을 하는 그리스도인에게도 이런 위험은 마찬가지입니다. 처음에는 세상의 경영 방침을 따를지, 성경적 경영 원리를 따를지를 고민합니다. 그러다 조금만 지나면 성경적 원리를 피하여 세상의 방식에 다가갑니다. 성경적 원리를 따지다가는 사업에서 성공할 수 없다는 논리가 생깁니다. 세상의 경영원리를 조금씩 답습하게 되고, 세상에서 성공한 사례에 눈이

머뭅니다. 벤처기업의 환상에 사로 잡혀서 무리하게 사업을 감행하기도 합니다. 여호와의 낯을 피하는 행동이 이미 내 사업에 자리를 잡기 시작합니다.

물론 세상의 경영 원리가 모두 잘못된 것도 아니고 그 원리가 성경의 가르침과 무조건 배반되는 것도 아닙니다. 하지만 성경의 원리가 사업에 중심이 되지 않으면, 하나님의 생각과는 다른 세상의 방식이 자연스레 자리를 잡게 됩니다. 내가 무엇을 해야 하며 무엇을 하지 말아야 하는지 그 균형을 잃게 됩니다. 이런 파열된 균형 감각은 여러 모양에서 등장합니다. '손님은 왕이다'라는 구호가 그렇게 나쁜 생각은 아닙니다. 그러나 그 구호가 '사원들은 종이다'라는 구호로 바뀌면 안 됩니다. 손님을 왕으로 대접하기 위해 자기와 같이 일하는 사원들을 종처럼 다루어서는 안 됩니다. 마찬가지 원리가 소비자와 생산자를 대하는 태도에도 적용될 수 있습니다. 서비스에 철저를 기하는 게 사업의 성공 요인의 하나이기도 합니다. 상품과 용역을 판매할 때 뿐 아니라 거래가 이루어진 후에도 애프터서비스에 사업의 기치를 겁니다. 이것 자체는 나쁘지 않고 마땅합니다. 그러나 문제는 그 이면에 있습니다. 나의 물건을 사주는 소비자들에게는 저자세를 취하는 반면, 우리 물건을 생산해주는 사람들에게는 고자세를 취합니다. 생산업체에게 결제를 지연해 주는 일이 다반사로 생깁니다. 결제를 하더라도 어음을 끊어줍니다. 하청업체나 중소기업은 약자이기 때문에 내가 가진 권력과 권한을 휘두릅니다. '받을 돈은 가능한 빨리, 줄 돈은 최대한 늦게'라는 불합리한 원리가 자연스럽게 통설이 되고 맙니다. 부채를 얻는 일이나 세금을 내는 데에도 마찬가지로 여호와의 낯을 피하는 일이 생깁니다. 하나님이 기뻐하시는 원칙을 지키기보다 경제적 이익이 되는 쪽으로만 생각이 발전합니다.

교회와 선교 단체의 경우

여호와의 낯을 피하는 일은 직장에서만 일어나는 건 아닙니다. 교회와 선교 단체라는 간판을 단 곳에서도 비슷한 유혹이 있습니다. 잘못된 세상의 사고방식이 이미 교회 안에 슬그머니 들어와 있습니다. 교회 사역이 회사를 경영하는 일처럼 생각되는 경우도 있습니다. 성도의 삶을 돕는 게 중요하기보다, 예배당의 외형 꾸미기나 교회의 이미지 관리가 우선시되기도 합니다. 신앙의 이름으로 모이지만, 실제 그 안에 운영되는 원리는 세상이 돌아가는 방식과 그다지 다르지 않습니다. 회사의 경영 방식이나 마케팅의 원리가 자연스레 교회를 성공시키는 성경적 원리와 방법이라고 둔갑하기도 합니다. 물론 회사 경영 방식이나 마케팅 원리가 모두 나쁜 것은 아닙니다. 하지만 순서를 바로 잡아야 합니다. 바른 성경적인 원리가 교회나 회사에 적용되어야 합니다. 그 원리가 회사에 적용되어야 할 뿐 아니라, 교회의 운영이나 성도를 돕는 일에 연결되어야 합니다. 하지만 그 반대가 되면 곤란합니다. 세상에서 그냥 잘 먹히는 방법을 무분별하게 교회로 도입하다 보면, 그 결과는 하나님이 원하시는 방법과 원리를 포기하고 버리는 꼴이 됩니다. 성공해야 한다는 목표 때문에 슬그머니 여호와의 낯을 피하게 된다는 말입니다.

우리 앞에 있는 위험한 두 가지 현대의 물결은 물량주의와 물질주의일지 모릅니다. 커지고 유명해지려는 환상이 있는데, 그것을 눈에 보이는 물질로 이루려 합니다. 매스 미디어에 등장하는 무수한 광고는 우리에게 잘못된 행복관을 소개합니다. '행복을 드립니다. ○○백화점'이란 광고의 세뇌를 받다 보면, 나도 모르게 물질이 행복을 이루어준다는 생각을 하게 됩니다. 그래서 자연스레 교회와 선교 단체도 이런 방식을 추구하기도 합니다. 백화점처럼 잘 갖추어진 예배당에서 무수한 행사와 이벤트를 통해 신자를 모으는 걸 자연스럽게 생각합니다. 가르침과 본 되는 삶을 통해서 사람을 변화시키는 전도와 선교가 아니라, 물질과 돈으로 사람들에게 호감을 주는 호객과 프로그램이 점점 자리를 차지합니다. 이 모든 것의 중심에는 '여호와의 낯을 피하여' 가려는 우리의 잘못된 마음이 있습니다.

그러나 하나님의 폭풍은

이런 우리의 유행어를 듣고 하나님은 가만히 계시지 않습니다. 욥바로 내려가 다시스로 가는 배를 타는 요나의 발길을 한때는 그냥 놔두기도 하지만, 그런 요나의 발길을 커다란 폭풍으로 막기도 하십니다. 내가 여호와의 낯을 피해 가는 길에 아무런 일이 일어나지 않는다고 해서, 그것이 곧 하나님이 인정하는 길이라고 생각하면 곤란합니다. 때론 하나님을 무시하는 나의 길이 일사천리로 잘될 수 있습니다. 욥바로 가자, 다시스행 배가 기다립니다. 일이 잘 풀립니다. 그러나 때가 되면 하나님께서 나의 길목에 서서 경고를 하십니다. 침묵하던 하나님께서 커다란 사건을 통해서 명확히 말씀하시기도 합니다.

그래서 현재 내가 가는 길이 어떤 길인지 잘 헤아려 보아야 합니다. 내가 여호와의 낯을 피해 가는 중인지, 아니면 하나님이 원하시는 삶을 잘 따라 가고 있는지 숙고해 보아야 합니다. 지금 내가 여호와의 낯을 피하려고 마음을 먹는 중일 수도 있고, 이미 욥바로 내려가고 있는 중일 수도 있습니다. 아니면 어느새 다시스행 배를 타고 그 밑에서 조용히 잠을 자고 있는지도 모릅니다. 하나님께서 다른 사람을 통해 나의 영적 무지를 깨우려 해도, 나는 말로만 여호와를 경외한다고 하면서 하나님의 마음을 잘 헤아리지 못하는 상태일 수도 있습니다. 그러나 사람의 눈은 피해갈 수 있어도 하나님의 눈을 피할 수는 없습니다. 이 사실을 기억해야 합니다. 요나가 선원들 앞에서는 스스로 자랑스럽게 이야기 하더라도 그의 모습은 여호와 앞에서 모두 적나라하게 드러나는 것처럼 우리의 모습도 하나님 앞에 모두 드러날 것입니다.

(2) 하나님의 생각을 따르지 않는 자기주장의 기도

고차원적 불순종: 자기주장의 기도

요나서 1장에 나타난 요나의 불순종과는 또 다른 형태의 불순종이 요나서 2장에 나타납니다. 처음에는 '여호와의 낯을 피하여' 가는 방식으로 하나님을 거부했다가, 이제는 겉으로는 여호와를 향해 있으면서도 속으로는 하나님의 마음을 따르지 않는 방식으로 전환합니다. 어떤 면에서 이것은 보다 고차원적인 불순종입니다. 겉으로는 성경 구절을 줄줄 외고 또 하나님을 찬양하며 기도하고 있어, 그 내면의 불순종을 잘 알아차리기 힘듭니다. 그러나 중요한 건 사람은 외모에 속을지라도 하나님은 우리의 미사여구와 외식(外飾)에 속지 않으신다는 사실입니다. 하나님은 내 마음의 중심을 보시기 때문입니다. 겉으로는 내가 기도한다고 할지라도 하나님은 내가 하나님의 마음을 거부하고 내 주장을 하고 있다는 것을 잘 알고 계십니다. 내가 나의 주장과 나의 종교적 경험에 도치되어 찬양의 노래를 부르고 있을지라도, 여전히 나의 좌표는 하나님과 평행선이라는 말입니다. 내가 좋아하는 것과 나의 확신, 나의 지극한 감정 등 모두가 중요합니다. 하지만 그것이 하나님의 마음과 다를 때에는 여전히 문제입니다. 이런 점을 우리의 신앙생활에서 조심해야 합니다.

세게 기도하면 이루어진다?

요나서 2장에 나타난 요나의 기도와 같은 모습이 우리 주위에 종종 벌어지기도 합니다. 많은 기도회가 있고, 많은 집회가 즐비합니다. 철야 기도와 새벽 기도를 하면서 하나님을 찾기도 하고, 커다란 목소리로 하나님께 찬양하기도 합니다. 그런데 문제는 그런 찬양과 기도 소리가 하나님의 생각과 마음을 따른 것이기보다는 내 주장과 내 감정만을 반영할 수 있다는 점입니다. 말로는 예수님과 같은 분은 없다고 외치지만, 실제 나의 생각과 현실은 하나님과 다른 방향으로 나아갑니다. 실제 내면은 하나님과 다른 길을 가면서도, 겉으로는 종교적인 색채를 짙게 띕니다.

　세게 기도하면 이루어진다는 식의 생각은 이런 면에서 조심할 필요가 있습니다. 이런 생각은 하나님의 뜻을 따른 기도를 장려하기보다는 하나님께 내 주장을 무조건 관철하게 할 위험이 있기 때문입니다. 이런 생각은 일의 결과가 좋게 나타났을 때 더 위험합니다. 일이 성취된 게 내 기도 때문이라고 판단하기 때문입니다. 내가 세게 기도하니까 하나님께서 들으셨고, 그래서 그분이 내 기도에 응답하셔서 내 간구를 들어주셨다는 겁니다. 이는 소위 우리가 옛날부터 갖고 있던 '지성(至誠)이면 감천(感天)이다'라는 생각을 다시 되풀이 한 것에 지나지 않습니다. 내 지극한 노력과 정성이 하늘을 움직였다고 판단합니다. 그래서 소위 '하늘을 움직이는 기도'라는 말을 종종 사용하기도 합니다.[1]

　이런 기도는 바로 요나서 2장에 있는 요나의 왜곡된 기도와 유사합니다. 하나님의 생각과는 정반대로 있으면서도 자기에게 일어난 일을 모두 자기 쪽에 유리하게 해석하는 형태입니다. 요나가 기도해서 하나님이 요나를 물고기로 구원하신 게 아니라, 이미 요나가 기도하기 전에 하나님은 큰 물고기를 준비하셨습니다. 요나가 계속 하나님의 생각과 마음에 동의하지 않기에 하나님은 폭풍과 파도와 큰 물고기로 요나를 계속 설득해 가시는 중입니다. 재앙에서 구원하시는 하나님의 자비를 깨닫고 다시 니느웨로 가서

---

1 '무조건 세게 기도하면 이루어진다.'라는 생각이 적절하지 않은 이유에 대해서는, 필자의 다음 책을 참조하십시오. 이진섭, 『그리스도인의 계획 어떻게 세울 것인가: 이론편』(서울: 경륜, 2000), pp. 55-63.

온전히 메시지를 전하게 하려고 이미 큰 물고기를 준비하셨습니다. 하지만 그것을 요나는 자기중심적으로 해석해 버립니다. 자기기도가 성전에 닿은 것이고 자기 기도를 하나님께서 들어주신 거라고 말합니다. 모든 것을 자기중심적으로 판단합니다. 거기에 자신의 종교적 감정까지 쏟아 넣습니다. 우리도 마찬가지입니다. 하나님의 의도를 잘 깨닫지 않고 무조건 내 주장을 하다 보면, 모든 것을 나에게 유리하게 해석해 버릴 수 있습니다. 나를 향한 하나님의 지적과 설득도 나를 지지하는 하나님의 손길로 해석하고, 거기에 내 열렬한 감정까지 집어넣어 자아도취 된 감정으로 기도할 수 있습니다.

내 일이 잘 되는 쪽으로만 기도함

이런 면에서 또 생각해야 하는 점은 나와 우리에게 유리한 쪽으로만 기도하는 습관입니다. 물론 우리에게 필요한 것을 하나님께 구할 수 있습니다. 하지만 무엇이 진짜 나에게 필요하고 유익한지는 잘 생각해 보아야 합니다. 사업을 한다고 합시다. 사업을 하면서 매출이 잘 일어나야 하는 건 당연합니다. 물건이 잘 팔려야 할 뿐 아니라, 그 모든 과정이 제대로 잘 이루어져야 합니다. 하지만 모든 목표와 초점이 매출 증대에만 맞추어져 있어 다른 것들이 무시되면 위험합니다. 장사가 잘되는 게 중요하긴 하지만, 하나님께서 더 원하시는 것은 그런 모든 상황을 바르게 헤쳐 가는 우리의 신실한 모습입니다. 자기 물건이 잘 팔리도록 날씨가 맑아지기를 간구하는 사람과, 비가 내려 곡물이 자라기를 기도하는 농부가 있다고 합시다. 하나님께서 어떤 사람의 기도를 들어주셔야 할까요?

하나님을 자꾸 내 요구와 주장만 들어주시는 분으로 생각하는 습관은, 하나님을 편협한 분으로 만드는 행위입니다. 하나님은 이 땅과 온 우주를 이끌어 가시는 당신의 계획과 지혜를 갖고 계신 분입니다. 그러기에 그분의 지혜와 생각 앞에 내 것을 내려놓고, 그분의 뜻과 의도를 묻고 그분의 마음과 생각대로 바르게 간구해야 됩니다. 하나님의 마음과 생각을 염두에 두지 않은 채 내 욕심대로 내 주장만을 하나님께 요구하는 것은, 신앙의 모습이기보다 더 고차원적인 불순종이 될 수 있습니다.

(3) 내 말만을 전하는 사역

자기 메시지를 전함: 메시지의 편파성

하나님과 평행선을 걷게 되는 또 다른 위험성은 리더들에게도 나타날 수 있습니다. 마치 요나가 자기 생각에 그득 차서 니느웨 성에 편파적인 메시지를 전했듯이, 우리도 그럴 수 있습니다. 요나는 자기 생각과 주장을 끝까지 버리지 않고, 하나님께서 전하라고 한 메시지를 가지고 은근히 자기주장을 했습니다. 그래서 회개를 위한 심판의 메시지를 전파하지 않고 멸망을 향한 심판의 메시지만을 전했습니다. 오늘날도 이처럼 하나님의 의도와 다른 메시지가 강단에서 빈번히 전파될 수 있습니다. 하나님이 의도하신 메시지를 바르게 깨달아서 잘 전해야 하는데, 그것이 제대로 실현되지 않습니다. 이런 일은 주로 성경을 제대로 다루지 못하는 데서 일어납니다.

종종 성경이 교회 강단에서 소외당하는 일이 있습니다. 설교자는 성경을 잘 해석하고 적용해서 하나님이 의도하신 메시지를 바르게 전해야 합니다. 하지만 그렇지 않은 경우가 종종 있습니다. 때로는 성경 본문이 설교자의 생각을 보충해주는 한 가지 도구로 전락하기도 하고, 원래의 뜻이 왜곡된 채 사용되기도 합니다. 설교의 시작과 끝에 성경 본문이 그냥 한 번씩 읽혀지고 마는 설교도 있습니다. 설교가 시작될 때 성경 구절을 한번 읽고는 그 성경 메시지와 전혀 상관이 없는 내용으로 설교를 다 한 후에 다시 성경 구절로 돌아오는 식입니다.

때로는 성경을 다루더라도 해당 본문을 바르게 해석하지 않는 경우도 있습니다. 성경을 해석하는 바른 규칙과 방법을 따르기보다는 해석자의 상상이나 선입견에 더 많이 의존하기 때문입니다. 그래서 성경을 통해 하나님의 의도가 밝혀지기보다 설교자가 가진 자기 생각이 전달되곤 합니다.

성경을 겸손하게 다루지 않는 태도가 문제이기도 합니다. 성경 본문을 읽을 때 자신이 아는 것과 모르는 것을 잘 구별해야 할 뿐 아니라, 확신이 가는 것과 애매모호한 것을 분명하게 구분해야 합니다. 그럼에도 불구하고 때론 설교자가 마치 성경 본문을 모두 다 아는 식으로 거침없이 이야기합니다. 자신이 이미 가진 선입관과 확신을 통해 거칠게 성경을 해석하고 적용하면서도, 자신의 말이 마치 절대적인 하나님의 음성인 것처럼 이야기하기도 합니다. 성경 본문과 하나님의 의도를 잘 모르면서도, 자기 말에 절대적 확신을 부여합니다.

성경을 연구하여 깨달을수록 분명한 진리가 점점 더 드러나는 것은 사실입니다. 하지만 성경을 깊이 연구하다 보면 그 반대로 성경 말씀과 하나님에 대해 내가 너무나 많이 모르고 있다는 사실을 더 깨닫게 되는 것도 마찬가지로 사실입니다. 그래서 성경을 깊이 연구한 사람일수록 성경을 다루는데 모름지기 더 조심스러워집니다. 이런 태도가 자연히 설교에 반영되어야 합니다. 내가 아는 것과 모르는 것을 조심스럽게 청중에게 알릴뿐 아니라, 본문에 명확하게 드러나는 것과 불확실한 것을 구별해서 전해야 합니다. 그래서 청중으로 하여금 우리 모두가 같이 하나님 말씀 앞에서 겸허하게 그 뜻을 깨닫고 추구한다는 자세를 보여야 합니다. 그런데 이런 기본적인 자세가 결여되면, 결국 자신이 모든 것을 다 알 뿐 아니라 자신의 말이 절대불변의 진리인 것처럼 선포하는 위험에 빠지게 됩니다. 설교를 통해서 하나님의 마음을 같이 찾으려는 노력을 하기보다는, 내 주장과 내 목소리를 선포하는 길로 가는 겁니다. 하나님의 말씀은 점차 고갈되어 가고, 나의 목소리는 점점 커집니다.

불성실한 사역의 태도

자기 메시지를 강조하는 이런 위험성은 사역을 진행하는 태도에도 잘못된 방식으로 드러날 수 있습니다. 하나님의 생각과 마음에 나의 촉각을 곤두세우고 있다면, 자연히 성경을 상고하고 기도하면서 아름답고 바른 삶을 사는 데 시간을 들이고 노력하게 됩니다.

그러나 종종 이런 기본적인 원리가 현대 교회에서 무시당합니다. 성경 말씀을 가르치고 기도를 독려하기보다는 자기생각에 도움이 되는 각종의 다른 방법들을 찾습니다. 교인들이 주인 의식을 갖게 한다는 명목으로 각종 직분을 남용하는 경우도 있습니다. 여러 직분을 만들고 거기에 갖가지 이름을 붙여서 교인들에게 나누어줍니다. 자연히 한두 가지 직분을 가지게 된 사람들은 교회 일에 불필요(?) 열심을 부리게 됩니다. 각종 행사를 통해서 교인들을 분주하게 만드는 것도 또 다른 하나의 방법입니다. 성도들이 각자 자기의 삶을 잘 관리하고 근신하는(self-controlled) 삶을 살도록 도와주기보다는, 교회 행사에 분주하게 움직이도록 만듭니다.

그런데 그와는 반대로 성도들이 하나님의 말씀을 잘 깨닫고 그 말씀대로 살도록 도와주는 일은 종종 소홀히 여겨집니다. 교회의 이름을 높이고 예배당의 크기를 확장하는 데에는 바쁘지만, 정작 필요한 성도들의 삶을 돌아보는 일에는 불성실합니다. 마치 요나가 삼일 길을 전해야 하는 것을 하룻길로 때워버리듯이, 하나님의 뜻을 가르치고 바른 삶을 살도록 독려하는 사역의 강도는 낮추어 버립니다.

(4) 교회 성장에 대한 왜곡된 이해

리더의 잘못과 교회의 성장

또 조심스럽게 생각해야 할 부분이 있습니다. 이렇게 리더가 잘못된 모습을 보이더라도, 하나님의 은혜는 여전히 성도들에게 흘러갈 수도 있다는 사실 때문입니다. 요나는 하나님 앞에서 자기의 마음을 바꾸지 않은 채로 자기 메시지를 전했는데도, 니느웨 백성은 회개의 길을 걸었습니다. 선지자 요나가 하나님의 마음을 제대로 전하지 않았지만, 니느웨 왕을 통해서 하나님의 의도는 전파되었고 백성들은 회개의 베옷을 입었습니다. 이렇듯이 책임 맡은 리더가 엉터리일지라도 하나님의 은혜의 길은 생길 수 있습니다. 이런 사실과 관련하여 몇 가지를 더 생각해 보아야 합니다.

첫째는 리더가 잘못되었다고 해서 성도 모두가 잘못되었다고 생각해서는 안 된다는 겁니다. 리더가 자기 욕심과 고집으로 잘못된 길을 갔지만, 그와 함께 있던 성도 중에 하나님의 은혜를 체험하는 자는 있을 수 있습니다. 이스라엘의 왕 여로보암 2세가 하나님 앞에서 악한 왕이었음에도 이스라엘 백성에게 하나님의 은혜가 주어졌던 것이나, 요나가 엉터리이어도 니느웨 백성이 회개한 것과 같은 이치입니다. 하나님의 은혜가 흐르는 길은 한 가지 통로만이 아닙니다. 니느웨 왕을 통해서도 하나님의 마음과 의도가 니느웨 백성에게 전파되었습니다.

둘째, 그러나 이 말은 리더가 중요하지 않다는 뜻이 아닙니다. 리더가 엉망이면 자연히 안 좋은 영향이 그 공동체에 미치게 됩니다. 안 좋은 리더와 함께 있을수록 그 공동체 전체가 안 좋아질 확률은 높습니다. 이스라엘과 유다의 왕이 악할 때에 이스라엘 민족이 전체적으로 안 좋은 길로 자주 갔습니다. 그렇기에 리더가 온전히 서 있을 수 있도록 성도가 주목하고 노력하는 일은 중요합니다. 리더 자신은 스스로 바르게 되도록 온 힘을 쏟아야 합니다.

셋째, 하나님의 은혜가 어떤 교회에 임해 부흥이 일어났다고 하더라도 그것이 곧 그 교회 리더의 올바름을 증명하는 표적은 아니라는 점입니다. 하나님의 메시지를 전하는 요나가 잘못되었었음에도 니느웨 백성에게 부흥이 일어날 수 있고, 이스라엘 백성에게 하나님의 은혜가 임하더라도 여로보암 왕 2세는 악한 왕으로 판명날 수 있습니다.[2] 만일 교회에 부흥이 임해서 그 교회 무리가 하나님의 은혜를 경험한다 하더라도, 그 교회의 리더는 하나님 앞에서 각기 평가 받아야 합니다. 교회가 커져서 하나님을 믿는 사람의 숫자가 늘어난다고 할지라도, 그것이 곧 그 교회 리더의 신실함을 장담할 수 없다는 말입니다. 물론 이 말은 또 리더가 엉터리라도 교회가 곧잘 부흥한다는 뜻도 아닙니다. 리더가 훌륭할수록 성도가 온전해지는 건 자연스런 이치입니다. 그러나 교회에 좋은 일이 있고 외적으로 성장한다고 하더라도, 그것이 곧 리더의 신실함을 확정적으로 증명하지는 못합니다. 하나님께서 자기 백성을 회복시키시는 길은 무궁무진하시기 때문입니다.

그렇기에 우리 시대 어떤 교회에 여러 사람들이 하나님의 은혜를 받았다고 해도, 그것이 곧 그 교회의 리더에 대한 하나님의 객관적 평가라고 볼 수는 없습니다. 사실 리더들이 사역 초기에는 신실함을 보이는 경우가 많습니다. 그래서 하나님께서는 그런 리더

---

2 요나가 니느웨 성의 리더라고 말하기는 힘들지 모릅니다. 니느웨 성의 리더는 니느웨 왕이었고 그 니느웨 왕의 겸손히 백성들에게 많은 영향을 미쳤습니다. 하지만 요나가 여호와의 말씀을 전하는 책임을 맡은 만큼, 어떤 면에서는 요나가 리더의 역할을 했다고 볼 수 있습니다. 이스라엘의 경우는 분명합니다. 리더가 악한 여로보암 왕 2세였음에도 불구하고 이스라엘에게 하나님의 은혜는 전해질 수 있었습니다.

들에게 필요한 백성을 많이 보내셔서 성도가 많은 혜택을 보게 하십니다. 그런데 교회가 커지면서 종종 문제가 일어납니다. 처음에는 순수하고 신실했던 리더가 점점 안 좋은 방향으로 나아가는 경우가 생깁니다. 하나님의 뜻을 헤아리기보다 자기 생각을 강하게 주장합니다. 자신의 권한이 많아지면서 조금씩 자기주장이 더 거세집니다. 그러면서 점차 안 좋은 길로 가기에, 우리의 고민이 있습니다. 많은 교회나 선교 단체가 이런 역사의 질곡을 경험합니다. 이런 점을 잘 인식하고 있어야 합니다.

순종하는 참 백성

이런 여러 문제 속에서도 하나님의 은혜를 경험하는 백성은 언제나 존재합니다. 칠흑 같은 암흑이 막고 있어도 하나님은 일하시기 때문입니다. 하나님의 자비와 은혜는 숨어 있는 사람들에게 지속적으로 역사(役事)합니다. 처음부터 끝까지 하나님께 불순종하는 요나 옆에도 하나님의 은혜를 경험한 자들이 즐비했습니다. 요나가 다시스로 도망 간 일 때문에 재앙을 경험했던 이방 선원들이, 결국 하나님의 능력을 경험하고 그를 두려워하는 자리로 왔습니다. 요나가 잘못된 마음으로 전한 메시지를 전했어도, 니느웨 성읍 백성 전체는 하나님 앞에 재를 뒤집어썼고 결국 하나님의 자비를 경험했습니다. 이처럼 주목하지 못한 데서 하나님께 순종하는 사람들이 등장합니다. 요나서에서 주연급으로 나오지 못한 사람들이지만, 그들이 하나님의 자비를 경험합니다. 이름도 없이 그냥 '선원 1, 선원 2, 니느웨 백성 1, 니느웨 백성 2'라는 명함을 달고 등장하는 사람들이지만, 그들에게 은혜의 혜택이 주어집니다.

요나서라는 영화의 주연은 요나이지만, 그 주연 배우가 칭찬 받는 영화가 아닙니다. 요나서의 제목은 '요나'라고 붙여져 있지만, 그 책은 요나의 이름을 후대에까지 자랑스럽게 알리고자 하는 책도 아닙니다. 시종일관 화면에 나타나는 인물은 요나이지만, 그 요나는 지속적으로 불순종의 꼬리표를 달고 다니는 인물입니다. 그런 의미에서 요나는 오늘도 하나님의 말씀을 듣는 모든 사람들에게 경고가 되고 거울이 되는 인물입니다. 요나를 통해서 내가 가려는 불순종의 길을 멈추어야 합니다. 요나처럼 잘못된 길로 나갈 것이 아니라, 그 반대의 길을 걸어야 합니다. 요나가 다시스로 가면 우리는 니느웨로 가야하고, 그가 자기 기도를 하면 나는 하나님의 뜻과 마음을 따른 기도를 해야 합니다. 요나가 하룻길을 자기 말로 전하면, 우리는 삼일 길을 하나님의 말과 마음으로 외쳐야 합니다. 요나가 하나님께 대항하는 모습을 보면, 나는 겸손히 그분의 책망을 듣고 회개하는 길로 나아가야 합니다. 이런 면에서 우리는 요나서를 거꾸로 읽어야 합니다.

2. 역사와 신학: 역사와 신학에 대한 바른 이해

두 번째로 찾을 수 있는 교훈의 영역은 요나가 하나님과 지속적으로 평행선을 걸었던 이유와 관련되어 있습니다. 이는 요나서의 목적과 연관되어 있어 역사와 신학에 대한 고민을 하게 합니다.

(1) 내 앎의 체계에 대한 지나친 확신

요나의 지나친 확신

이스라엘의 선지자 요나가 하나님과 지속적으로 평행선을 걸었다는 사실이 우리를 놀라게 합니다. 어쩌면 이런 사실을 수긍하기 어려워서 요나서를 자주 오해해 왔는지도 모릅니다. 조금이나마 선지자 요나를 긍정적으로 보려고 한 것입니다. 요나는 자기 나름대로 이유가 있어서 그토록 끈질기게 하나님과 평행선을 걸었습니다. 선지자로서 갖고 있는 자신의 신학(神學)과 역사관(歷史觀) 때문이었습니다.

요나는 선지자로서 이스라엘이 당한 역사적 상황 속에서 그 역사가 흘러가는 방향을 파악하고 그것을 해석하는 시각을 가졌습니다. 여호와께서 선지자 요나에게 먼저 주셨던 메시지는 이스라엘이 정치 군사적으로 확장되는 내용이었습니다. 요나는 그것을 예언했고, 그 예언대로 여로보암 왕 2세 때에 이스라엘의 영토는 확장되었으며 이스라엘은 강성해졌습니다. 하지만 반면 이스라엘은 영적이나 윤리적으로 더 부패해졌습니다. 결국, 멸망 선고를 받았습니다. 그 멸망이 이방 나라 아시리아를 통해서 이루어진다는 것이었습니다. 여기에 이스라엘 백성의 고민이 있다고 했습니다. 하나님께서 자기 백성의 죄악을 다루시려고 더 악한 이방 백성을 통해 심판하신다고 합니다. 그런데 요나가 가진 더 큰 문제는, 이스라엘을 멸망시킬 그 악한 니느웨 백성이 멸망에서 회복되도록 노력해야 한다는 겁니다. 요나는 이것을 납득할 수 없었을 것입니다. 악한 이스라엘에게 회개하라는 메시지를 전할 수는 있습니다. 그러나 이스라엘을 멸망시킬 더 악한 니느웨 백성의 회개를 위해서 일할 수는 없었습니다. 만일 자신이 가서 니느웨에 회개의 역사를 일으킨다면 그들은 하나님의 자비로 회복될 것이고, 그렇다면 그들이 살아남아 이스라엘을 심판할 것이기 때문입니다. 여기에 요나의 고민이 있습니다. 이스라엘의 회복을 위해서 일할 수는 있어도, 이스라엘을 멸망시키게 될 니느웨 성을 회복시킬 마음은 없습니다.

그래서 요나는 감히 하나님께 자기 의견을 말하고 다시스로 도망갑니다. 여호와께서 여러 가지로 설득의 손길을 보내셔도 좀처럼 자신의 의견과 주장을 굽히지 않습니다. 역사(歷史)에 대한 자신의 생각이 너무나 확실했고, 하나님과 이스라엘에 대한 자신의 신학이 너무도 분명했습니다. 바로 이런 요나의 신학과 역사에 대한 지식 때문에 요나는 시종일관 하나님과 평행선을 걷습니다. 하나님에 대한 신학 때문에 하나님의 명령을 어기고, 선지자로서의 가진 역사 지식으로 인해 하나님께서 다루시는 역사의 안목을 무시합니다. 어떤 일이 있어도 자신은 이스라엘의 선지자로서 니느웨의 회복을 위해서 일할 수는 없습니다. 니느웨는 멸망당해야 합니다. 여기에 문제가 있습니다. 요나는 자신의 지식과 신학에 대한 지나친 확신 때문에 결국 하나님과 등지고 맙니다.

교회마다 지나친 자기 확신

이런 점은 현대를 살아가는 우리에게 아주 중요한 교훈을 줍니다. 우리도 마찬가지로 여전히 자신이 가진 신학과 지식으로 때문에 하나님과 등질 수 있고, 하나님께서 지금도 운영해 나가시는 이 역사의 현실을 거부할 수 있습니다. 내가 배웠고 깨달았던 지식 체계 때문에 하나님이 갖고 계신 생각을 무시할 수 있습니다.

우리 시대 교회는 너무 자기 확신이 강합니다. 내가 알고 있는 진리, 우리 교회가 따르고 있는 신조와 교리가 너무나 확실합니다. 그래서 누군가 이 교리의 틀에서 조금만 벗어나면 색안경을 끼고 옆 눈으로 바라봅니다. 내가 믿고 있는 주장은 바르지만, 저 교회가 붙들고 있는 해석은 문제가 있다고 봅니다. 교파 사이의 배타성은 줄어든 듯하지만, 오히려 개교회 사이의 간격은 더 커진 것 같습니다. 교파보다도 더 중요한 게 '내가 다니는 교회'입니다. 내가 다니는 교회가 세상에서 가장 바르다고 은연중에 생각합니다. 우리 교회 목사님이 하는 말은 진리이며, 우리 공동체의 리더가 하는 말이 가장 진리와 가깝다고 쉽게 단정합니다. 그러다가 뭔가가 틀어져 교회를 옮기는 일이 생깁니다. 그러면 또 내가 새롭게 소속된 교회가 세상에서 가장 최고인 것처럼 말합니다. 물론, 자신이 소속된 교회에 자긍심을 갖고 열심히 교회 성도와 하나가 되는 모습은 좋은 일입니다. 하지만 그런 연합의 차원이 아니라 다른 공동체/교회와 차별을 두는 그릇된 선별(選別)의식은 바람직하지 못합니다. 언뜻 보면 가르침과 진리의 문제를 따지는 것처럼 보이지만, 사실은 나 자신이 그 모든 것의 판단의 중심이 되어 있음을 의미합니다. 언제나 '내'가 현재 소속되어 있는 교회가 가장 좋다는 겁니다. 이런 성향은 진정으로 진리를 추구하는 정신과는 거리가 멉니다. 오히려, 언제나 자기 자신을 세상의 중심으로 생각하는 그릇된 자기주의(自己主義)일 뿐입니다.

사실, 신자인 우리는 너무 자기주장이 강합니다. 하나님을 알아갈수록 자기가 부정(否定) 되고 하나님 앞에서 겸손해져야 합니다. 하지만 이상하게도 신앙인이라고 자처하는 우리가 더 엉망인 경우가 있습니다. 말로는 진리이기 때문에 목숨을 걸고서라도 지켜야 한다고 합니다. 그래서 싸운다는 겁니다. 진리를 지켜야하기에 목숨까지 걸어야 한다는 말은 맞습니다. 하지만 목숨을 거는 우리의 모습은 거룩하고 겸손해야 합니다. 조그만 문제에 대해서도 양보하지 못하고 내 것을 주장하는 모습은, 어쩌면 참 신앙과는 거리가 멀 수도 있습니다. 내가 참 진리 안에 있을 때, 나와 다른 생각을 용납할 수 있습니다. 비(非)진리를 받아들이라는 뜻이 아닙니다. '진리-비진리'의 문제가 아닌 다른 생각을 받아들일 폭이 있어야 합니다. 나 자신이 모든 것을 판단하는 진리의 시금석이 아니라, 하나님의 진리 앞에 서 있는 '하나님의 마음'이 판단 기준이 되어야 합니다. 내가 하나님 앞에서 아주 조그만 존재라는 사실이 분명해지면 분명해질수록, 하나님의 생각과 판단에 모든 것을 맡기게 됩니다. 하나님 앞에서 내 위치를 확인하면서 겸손의 길을 걸어가야 합니다.

우리가 가진 지나친 자기 확신 때문에 범하는 실수가 참 많습니다. 남의 사정을 잘 알지도 못하면서 남을 정죄하기에 너무나 바쁩니다. 나의 조그맣고 알량한 지식과 신학으로 인해서 다른 사람을 쉽게 판단합니다. 물론 어느 것이 옳고 어느 것이 그릇되었는지는 구별하고 판단해야 합니다. 필요한 일입니다. 바르게 구별해야 거짓을 버리고, 바르게 진리를 판단해야 그것을 좇아 갈 수 있기 때문입니다. 그러나 참 진리의 구별 문제를 넘어서서, 내가 판단의 보좌에 앉아서 남을 함부로 정죄하고 또 무시하는 일은 좋지 않습니다. 특별히 지식이 많은 사람일수록, 많이 배우고 깨달은 사람일수록 조심해야 합니다. 어떤 종류의 직책이든지 리더의 입장에 선 사람들은, 요나의 잘못된 자기 확신이 가지는 문제점을 잘 깨달아야 합니다. 내가 가진 지식이 하나님 앞에서 아무 것도 아니며, 내가 깨달은 진리의 파편이 진리이신 하나님에 비하면 아무 것도 아니라는 점을 고백해야 합니다. 지식이 많아질수록 능하신 하나님 앞에서 겸손히 있는 법을 배워야 합니다. 이것이 우리에게 필요합니다. 하나님에 대한 나의 지식 때문에 하나님을 슬프게 해서는 안 됩니다. 무릇 자신의 깨달음에 확신이 있다고 생각하는 사람일수록 이것을 늘 조심해야 합니다.

(2) 역사와 신학에 대한 바른 깨달음

요나의 문제

요나가 지닌 지나친 자기 확신을 조금 더 파헤쳐 보면, 그 속에 요나가 가진 잘못된 역사관과 오용된 신학 체계가 있음을 볼 수 있습니다. 요나는 니느웨와 이스라엘이 흥하고 망하는 역사의 소용돌이 속에서 자기 나름대로 역사관(歷史觀)과 역사의식을 가졌습니다. 선민(選民)인 이스라엘이 악한 니느웨 백성에게 망하는 것은 마땅하지 않고, 그러기에 그 니느웨 백성의 회복을 위해서 이스라엘의 선지자가 일할 수는 없었습니다. 거기다가 자비로우신 하나님에 대한 그의 신학적 이해는 그의 행동을 결정하는데 거꾸로 작용합니다. 하나님에 대한 바른 이해가 하나님께 대한 순종으로 이어지지 않고, 오히려 하나님과 등지는데 사용되었습니다(참조. 4:2). 이런 그릇된 역사관과 잘못 적용된 신학 지식 때문에 요나는 더욱 더 견고하게 하나님과 평행선을 긋게 되었습니다.

바른 역사와 신학에 대한 안목

마찬가지로 21세기를 살아가는 우리에게도 유사한 문제가 나타날 수 있습니다. 내가 갖고 있는 역사관이 내가 가진 지식 체계 속에 갇혀 편협하게 될 때, 현실의 어떤 문제에 대해서 요나처럼 하나님께 불순종할 수 있습니다. 그것이 정치에 대한 교회의 입장일 수도 있고, 또 다른 나라에 대한 우리의 선입견일 수도 있습니다. 미국이나 서구 유럽의 여러 나라에 대한 우리의 한정된 시각일 수도 있고, 아시아의 다른 나라나 가까운 일본에 대한 것일 수도 있습니다. 북한에 대한 시각과 역사관도 다시 생각해 볼 필요가 있습니다. 중요한 것은 어떤 고정된 시각이 아니라 하나님의 마음과 관점입니다. 하나님께서 이 땅과 이 나라를 어떻게 주관해 가시며 지금도 어떤 식으로 역사를 이끌어 가시는지를 잘 보아야 합니다. 내가 가진 지식 체계에 지나치게 고착되어 있을 때, 하나님께서 우리의 지식과 지혜를 넘어서 역사(役事)하시는 그 손길을 요나처럼 가로막을 수 있기 때문입니다.

나라와 민족 사이의 문제뿐 아니라 가정과 교회에 일어나는 문제에도 마찬가지입니다. 내가 소속된 개교회에만 집착하여 하나님이 다른 교회에서 활동하시는 모습을 무시해서는 안 됩니다. 나 아닌 다른 사람, 우리 교회 아닌 다른 교회에서 일어나는 하나님의 부흥과 역사를 눈여겨볼 필요가 있다는 뜻입니다. 내가 판단의 중심에 서지 않고 하나님이 나의 판단의 중심에 계셔야 한다는 말입니다. 또한 '한국 교회' '조국 교회'라는 한정된 시각에도 갇히지 않아야 합니다. 물론, 한국과 조국을 생각하는 간절한 마음은 나쁘지 않고 필요합니다. 하지만 다른 나라와 세계를 도외시하거나 경시하는 생각과 태도는 부적절합니다. 서양 교회는 시들어 가는데 한국 교회가 커져 간다고 자부심을 가질 이유가 없습니다. 하나님이 한국 교회라서 더 기뻐하시고, 서양 교회라서 덜 기뻐하시지 않으시기 때문입니다. 전 세계 교회를 함께 다루어 가시는 하나님의 역사를 보아야 합니다.

　우리가 가진 신학 체계도 마찬가지입니다. 나의 얇은 신학 지식 때문에 하나님이 운영하시는 커다란 손길을 거부해서는 안 됩니다. 하나님에 대해서 더 알면 알수록 겸손해져야 하며, 하나님의 말씀을 깨달으면 깨달을수록 더 넓어져야 합니다. 내가 가진 잘못된 신학 지식이 하나님과 등지게 할 수도 있고, 내가 조금 알게 된 바른 지식 체계가 하나님 앞에서 나를 교만하게 만들 수도 있습니다. 그래서 하나님을 더욱 더 알고 그분의 지혜를 더 많이 깨달으려고 노력하되, 내가 깨닫게 된 지식에 갇혀서 하나님과 등지는 일은 없어야 합니다.

이 말은 또 내가 지금 처해 있는 나의 배경과 전통의 한계를 잘 이해해야 한다는 뜻이기도 합니다. 이스라엘이란 배경에 갇혀서 니느웨의 입장을 생각하지 못했던 요나가 되어서는 안 된다는 말입니다. 이런 한계를 극복하려면, 내가 소속된 교회와 교파의 전통과 배경이 무엇인지를 먼저 잘 인식해야 합니다. 어느 누구 어느 교회에게나 나름대로의 전통과 배경이 있습니다. 그것을 중요하게 생각하되, 그것을 절대화하지 말아야 합니다. 내가 늘 나의 전통과 나의 교회, 우리 리더를 절대화하는 한, 부패와 문제는 발생하기 마련입니다. 항상 하나님 앞에서 성경 말씀을 상고하고 기도하면서 보다 더 바른 길로 나아가도록 노력해야 합니다.

(3) 하나님 앞에 열려 있음(openness)

우리 모두가 역사나 신학에 전문가가 되어야 한다는 뜻이 아닙니다. 하나님께서 진행하시는 역사에 대한 바른 깨달음과 또 하나님에 대한 바른 신학적 지식이 많을수록 좋은 것은 사실입니다. 하지만 그 지식의 분량이 곧 언제나 바른 결과를 내지는 않습니다. 오히려 더 중요한 점은 그런 지식을 대하는 태도입니다.

하나님 앞에서 '열린 자세와 마음'(openness)이 중요합니다. 어느 누구도 모든 면에서 완전한 사람은 없습니다. 어떤 면에서는 맞고 또 어떤 면에서는 실수가 있습니다. 어떤 점은 강하지만 어떤 점은 약해서 여러 문제를 일으킵니다. 그래서 이런 우리 자신을 먼저 인정하는 것이 필요합니다. 내가 지금 100% 인가를 따지지 말고, 늘 내가 하나님 앞에 서 있는가를 살피는 겁니다. 이것은 '진리를 추구하고 있느냐'의 문제이지, '내가 진리냐 아니냐?'의 문제가 아닙니다. 하나님 앞에 서면 설수록 나는 작아지고 하나님은 무한히 커집니다. 그래서 하나님 앞에 서있는 사람들은, 겸허함이라는 특징을 지니게 됩니다. 그리고 그 겸허함은 하나님 앞에서 자신을 비우고 열려 있는 태도를 취하게 됩니다. 하나님 앞에서 내가 열려 있는 채로 진리를 받아들이려고 할 때, 순간순간 그러나 끊임없이 이 역사를 운행해 가시는 하나님의 지혜를 알게 될 것입니다. 그 길에 우리의 발걸음을 맞추어야 합니다.

그래서 리더에 대한 우리의 생각에도 변화가 있어야 합니다. 이 땅에 있는 리더는 어느 누구를 막론하고 완전한 사람이 없습니다. 예수님의 말씀처럼 스승은 한 분 계십니다(참조. 마 23:8, 10). 우리 모두는 그분에게서 가르침을 받고 그분의 생각과 마음으로 살아야 합니다. 이 땅의 리더에게 지나친 기대나 확신을 가지는 것을 경계해야 합니다. 마땅한 분에게 존경의 뜻을 비치는 것은 좋은 일입니다. 하지만 인간에게 많은 영광을 돌려서 결국 안 좋은 결말을 맞게 되는 어리석음은 피해야 합니다. 오직 하나님만이 영광을 받기에 합당하십니다.

3. 하나님과 나: 나의 교만을 버리고 하나님의 마음을 닮아감

마지막으로 요나서에 시종일관 나타나는 하나님의 능하신 손길을 생각할 필요가 있습니다. 요나서의 진정한 관심은 요나도 니느웨 백성도 아니고, 그 모든 자비와 은혜를 모든 사람에게 베푸시는 하나님의 자비로운 손길입니다. 요나서는 하나님께서 그분의 지혜와 방법으로 일해 나가시는 모습을 분명히 보여줍니다.

(1) 나의 교만: 다른 사람을 정죄하는 교만에서 탈피해야 함

하나님의 지혜로운 손길을 이해하지 못할 때, 남을 정죄하는 교만한 태도가 등장합니다. 요나는 니느웨에 향하신 하나님의 지혜로운 손길을 이해하지 못했을 때, 다시스로 도망했었습니다. 큰 물고기를 준비하신 하나님의 슬기를 헤아리지 못했을 때, 자기주장의 기도를 하게 되었습니다. 하나님의 마음으로 돌아서지 못했을 때 자기 메시지를 전했고, 하나님의 생각에 이르지 못했을 때 하나님이 이루신 일을 가지고 불평하며 반항했습니다. 마찬가지로 우리도 하나님의 지혜로운 손길을 깨닫지 못할 때, 내가 가진 조그만 신학적 틀과 정당함을 가지고 하나님의 자비로운 손을 막을 수 있습니다. 그러면 그 결과는 다른 사람을 어려운 처지에 모는 것으로 나타날지 모릅니다. 그런데 이런 우리의 모습은 대부분 교만이란 출구로 등장합니다. 나 자신은 교만하다고 느끼지 못하지만, 하나님이 보시기에는 우리가 교만할 수 있습니다. 내 문제에는 그렇게 자비롭다가도, 다른 사람의 일에는 서늘한 칼날을 보이는 걸 극복해야 합니다.

니느웨를 향해 가진 요나의 교만함은 거꾸로 보면 이스라엘을 향한 충성입니다. 이스라엘에겐 좋은 일이지만, 니느웨에겐 칼을

겨냥하는 행동입니다. 우리에게도 마찬가지입니다. 내가 소속된 무리에게 가지는 지나친 충성이, 다른 사람에게는 비수(匕首)로 변할 수 있다는 사실을 잘 깨달아야 합니다. 내가 나에게 지나치게 충성할 때, 내가 소속된 공동체에 지나치게 깊이 몰입되어 있을 때, 다른 무리와 다른 사람들을 향한 나의 시선과 말투가 좋지 않을 수 있다는 사실입니다. 요나서는 이런 교만한 우리를 향해서 지금 할 말을 하고 있습니다.

(2) 하나님의 마음과 지혜: 하나님이 일으키시는 흥망성쇠를 따라 걸어야 함

그러면 어떻게 요나서를 바르게 읽을 수 있을까요? 그 한 가지 방법은 요나서를 거꾸로 읽는 것입니다. 요나가 오고 갔던 길을 거꾸로 가고 오는 겁니다. 요나가 생각하고 판단한 모습과 반대로 있는 겁니다. 요나가 자신의 역사관에 갇혀 있었다면, 우리는 하나님 앞에 열려있어야 합니다. 선지자 요나가 가진 커다란 신학적 지식이 하나님을 등지는 쪽으로 작용했다면, 내가 깨달은 조그만 신학적 이해가 하나님께 순종의 길로 가도록 고삐를 잡으면 됩니다. 요나가 자신의 편견과 교만에 사로 잡혀서 자기 확신에 지나치게 고착되어 있었다면, 우리는 하나님의 마음과 지혜에 충만하여 하나님께서 지금도 이루어 가시는 그 놀라운 역사(歷史)의 흥망성쇠를 바라보면 됩니다. 지금 이 시간에도 보이지 않는 구석구석까지 손을 뻗쳐서 소리 없이 그러나 끈질기게 진행하시는 그분의 측량할 수 없는 구속과 창조의 은혜를 헤아리는 것입니다. 하

나님을 향해 우리의 마음을 열고 하나님의 생각을 우리 안에 받아
들여서, 지금도 이 세상을 주관하시는 하나님과 동행하면 됩니다.
그렇게 될 때 요나서를 우리에게 남겨 주신 하나님의 참 뜻은 성
취될 수 있습니다.

3막(幕) 7장(場)으로 읽는 요나서

들어가는 말

요나서의 이야기와 전개는 매우 극적(劇的)이다. 전체 이야기를 들으면 극(劇)을 보는 것 같은 느낌을 자아낸다. 이야기의 여러 장면(場面)이 생동감 있고 또 그 장면들 사이에 연상과 겹침 효과가 뛰어나다. 한 장면이 하나 자체로도 의미가 있지만 다른 장면과 연동되고 중첩되어 복합적인 효과를 보인다. 저자가 이런 극적(劇的) 효과를 염두에 두었다고 보는 게 자연스럽다. 그렇기에 요나서를 여러 장면의 연속체이자 복합체로 읽고 이해하는 건 또 요나서를 깨닫는 또 하나의 좋은 방법이다. 요나서는 전체가 일곱 장면으로 기록되었고 그 장면들은 크게 세 개의 막(幕)으로 편성된다. 한 마디로, 요나서의 이야기 흐름은 3막(幕) 7장(場)의 극(劇)으로 편성되어 있다.

1. 일곱 장면과 세 개의 막

요나서 전체는 일곱 장면으로 구성된다. 각 장면은 하나의 잘 짜인 이야기가 진행되는 단위이고, 극으로 따지면 하나의 무대 배경(setting)에서 전개되는 등장인물들의 연출(演出) 활동 단위이다. 일곱 장면은 각기 독립적인 배경에서 연출된 특별한 이야기를 다룬다. 이 일곱 장면은 간략히 다음과 같이 정리된다.

장면	본문	내용
장면1	1:1-3	여호와께서 명령하시고, 요나는 거부하여 다시스로 도망가려 배를 탄다.
장면2	1:4-17	여호와가 요나를 설득하려고 폭풍을 내리지만 요나는 거부하여 물에 던져진다. 하지만 여호와께서 큰 물고기로 요나를 구원하신다.
장면3	2:1-10	요나가 회개하지 않으면서 겉으로는 자기주장의 기도를 한다. 여호와께서 물고기에게 명하여 요나를 육지에 토하게 하신다.
장면4	3:1-4	여호와께서 다시 명령하시고, 요나는 니느웨로 가서 자기 메시지를 전파한다.
장면5	3:5-10	니느웨 백성과 왕이 경고를 받고 여호와의 마음을 따라 회개하고 돌아선다. 그래서 여호와께서는 생각을 돌이켜 말씀하신 재앙을 내리지 않으신다.
장면6	4:1-3	여호와의 결정에 요나가 노골적으로 여호와께 화를 내며 반항하는 기도를 한다.
장면7	4:4-11	여호와께서는 요나의 성냄이 부당함을 말씀하시고, 요나는 성읍이 망하는지 관망한다. 여호와께서 교보재를 동원하면서 요나에게 하나님의 결정이 정당함을 설득하신다.

표 부록1.1. 요나서의 일곱 장면(場面)

장면1, 2, 3은 서로 자연스럽게 연결되어 큰 하나의 이야기를 보여주는 하나의 막(幕)이 된다. 또한 장면4, 5, 6도 유사하게 세 개의 단위 이야기가 연결되어 큰 하나의 이야기를 연출하는 또 다른 하나의 막이 된다. 마지막 장면7은 그 한 장면이 세 번째 막으로서 전체 이야기를 종결하는 자리가 된다.

2. 3막(幕)과 7장(場)의 비교

세 개의 막은 대체로 유사한 패턴이 반복되는 형태로 되어 있다. 물론 세 개의 막에 모두 하나님과 요나는 계속 평행선을 그린다.

1막(장면1, 2, 3)은 2막(장면4, 5, 6)과 거의 유사한 패턴을 그린다. 1막의 (첫 장면인) 장면1은 여호와의 첫 번째 말씀과 지시를 소개하고 그에 대한 요나의 반응을 기록하는데, 2막의 (첫 장면인) 장면4도 유사하게 여호와의 두 번째 말씀과 지시를 언급하고 그에 대한 요나의 반응을 다시 설명한다. 그런데 두 곳 모두에 나타난 요나의 반응은 모두 부정적이다. 장면1에는 요나의 거부가 겉으로 드러나게 표출된 반면, 장면4에는 요나의 거부가 은근하게 감추어져 있다. 장면1에는 요나가 니느웨와 정 반대 방향인 다시스로 가는 모습으로 나타나 그 거부가 분명히 노출되었다면, 장면4에는 요나가 겉으로는 니느웨로 가지만 결국은 자기 메시지를 전하는 방식으로 묘사되어 여호와를 거부하는 모습이 숨겨져 있다.

1막의 (둘째 장면인) 장면2와 2막의 (둘째 장면인) 장면5도 서로 대비되며 유사한 모습을 보인다. 장면2에는 거부하는 요나를 향한 여호와의 설득이 여러 방식으로 나타나며, 그 설득 과정에서 이방 선원과 선장이 여호와 편에 합류되는 결과가 생긴다. 요나는 끝까지 거부하며 결국 목숨을 던지는 일까지 벌이지만, 하나님은 그런 요나를 구원하신다. 장면5는 여호와의 설득이 요나의 반쪽 메시지로도 실현되는 모습을 보여주며, 그 결과로 니느웨 백성과 왕이 회개하고 돌아서는 모습을 알려준다. 결국 니느웨는 심판의 재앙을 면하여 구원받는 결과를 얻는다.

1막의 (셋째 장면인) 장면3과 2막의 (셋째 장면인) 장면6에도 유사한 대비는 그대로 이어진다. 장면3과 장면6은 모두 여호와 하나님과 평행선을 그리는 요나의 기도를 기록한다. 장면3의 요나는 겉으로는 순종과 찬양의 기도 모습을 취하지만, 사실 속으로는 회개하지 않고 자기주장을 하는 기도로 일관한다. 장면6에서 요나는 속은 물론이고 이제 겉으로도 분명하게 여호와에 대항하며 반항하는 성깔 있는 기도를 한다. 요나의 거부가 장면3의 기도에는 속으로 감춰져 있지만 장면 6의 기도에는 완전히 노출된다는 측면에서는 대조가 되지만, 사실 두 장면의 기도는 모두 여호와의 뜻과 마음을 거부하는 문제의 기도라는 측면에서는 동일하다.

이렇듯, 1막의 장면1, 2, 3은 2막의 장면4, 5, 6과 병렬로 나란히 배열되어 요나가 하나님과 시종일관 등지고 있다는 점을 잘 보여준다. 이 1막과 2막의 구성과 배열은 '하나님과 요나의 평행선'이라는 요나서의 기본 패러다임을 형성한다.

3막은 앞의 1막과 2막처럼 세부 장면으로 나뉘지는 않고 오직

한 개의 장면으로 되어 있다. 하지만 3막도 1막과 2막이 보여주는 기본 특징은 여전히 그대로 지닌다. 여호와와 요나의 평행선 긋기는 여전하며, 1막과 2막에 주요 구성 요소였던 '여호와의 말씀'(장면1, 4)과 '요나의 거부'(장면1, 4), '여호와의 설득'(장면2, 5)과 '여호와의 구원'(장면2, 5)이 모두 유사하면서도 다른 모양으로 포진되어 있다. 다만 1막과 2막과 크게 구분되는 유일한 차이가 있다면 1막(장면3)과 2막(장면6)에 여호와의 뜻을 거부하던 요나의 기도가 3막(장면7)에는 아예 언급조차 되지 않는다는 점이다. 요나서는 여호와의 질문으로 끝나지, 요나의 반응과 기도로 종결되지 않는다. 이런 점에서 3막은 기본적으로는 1막과 2막의 내용과 유사하지만, 요나의 기도로 마무리되는 1막과 2막과는 구별된다. 요나의 마지막 반응을 가늠할 수 있는 요나의 기도는 빈 공간으로, 물음표로 남는다.

3막 7장으로 구성된 요나서의 모습을 간략하게 압축하여 정리하면 다음 표와 같다.

	1막(幕) (1:1-2:10)	2막(幕) (3:1-4:3)	3막(幕) (4:4-11)
여호와의 말씀 & 요나의 반응	장면1 (場面) 1:1-3 -여호와의 말씀/지시 · 니느웨 성으로 -요나의 거부 · 다시스로 감으로	장면4 (場面) 3:1-4 -여호와의 말씀/지시 · 니느웨 성으로 -요나의 거부 · 자기 메시지 전파로	-여호와의 말씀 · 니느웨 성의 구원에 요나의 성냄이 부당 -요나의 거부: 자기 행동 · 초막 짓고 성을 관망
여호와의 설득 & 여호와의 구원	장면2 (場面) 1:4-17 -여호와의 설득 · 폭풍과 선원의 말로 · 요나에게 · 선원들 기도/서원 -여호와의 구원(1:17) · 요나에게	장면5 (場面) 3:5-10 -여호와의 설득 · 경고 메시지만으로 · 니느웨 성에게 · 백성과 왕의 회개 -여호와의 구원(3:10) · 니느웨 백성에게	장면7 (場面) 4:4-11 -여호와의 설득 · 박 넝쿨, 동풍, 벌레와 여호와의 말로 · 요나에게 · 요나의 반항과 대꾸 -여호와의 구원의 정당성 · 니느웨 구원에 대해 · 요나에게
요나의 반응 기도	장면3 (場面) 2:1-10 -요나의 자기주장 기도 · 겉으로는 순종 · 속은 회개치 않음	장면6 (場面) 4:1-3 -요나의 반항기도 · 겉으로 반항 · 속이 온전히 드러남	[요나의 반응/기도가 0에 없음]

표 부록1.2. 3막(幕) 7장(場)의 요나서 구조

3. 함의

3막 7장의 구성으로 나타난 요나서의 모습이 가지는 함의는 다음의 세 가지로 압축할 수 있다.

첫째, 3막 7장의 구성은 요나서의 기본 틀(패러다임)이 '여호와 하나님과 선지자 요나의 평행선'이라는 점을 더욱 잘 보여준다. 1, 2, 3막 모두 이런 평행선이 기본 패턴임을 보여줄 뿐 아니라, 각 막의 세부 구성 요소인 장면들이 서로 대비되고 대조되면서 하나님과 요나의 대립을 극명하게 보여준다.

둘째, 이 구성은 '여호와와 요나의 대비 구조'를 명확하게 드러낸다. 각 막은 모두 여호와와 요나의 대비로 이야기가 전개된다. 1막과 2막은 세부적으로는 '여호와의 말씀'과 '요나의 반응(행동)'이 대비되고(1막의 장면1 vs. 2막의 장면4), '여호와의 설득/구원'과 '요나의 반응(기도)'이 대비된다(1막의 장면2/장면3 vs. 2막의 장면5/장면6). 3막(장면7)에는 이런 네 가지 주제 중 앞의 세 가지 주제가 유사하게 등장하며 1막(장면1/장면2)과 2막(장면4/장면5)과 대비된다. 결국 3막 7장의 요나서 구성은 요나서가 전체적으로 하나님과 요나의 대비 구조로 쓰였음을 명쾌하게 알려준다.

셋째, 3막(장면7)에 요나의 반응과 기도가 없는 점이 매우 특이하고 중요하다. 저자는 3막 모두를 유사하게 구성하면서 유독 마지막 3막에 요나의 반응과 기도를 넣지 않았다. 이는 매우 의도적으로 보인다. 하나님의 말씀과 행동과 구원의 정당성을 분명하게 제시하며 요나를 설득하는 3막의 자리에, 앞의 두 개 막(幕)에 있던 장면3이나 장면6과 유사한 내용을 생략한 점은 '마지막 답'이 얼마나 중요하며 신중해야 하는지를 암시한다. 독자는 하나님께서 던진 그 질문에 신중하게 답할 책무가 있다. 요나서는 독자가 요나 이야기를 처음부터 끝까지 들었다면 어떻게 반응하며 기도해야 하는지를 신중하게 묻는다. 요나서는 하나님의 섭리와 마음을 깊이 깨닫기를 원하는 하나님의 공개질문으로 마무리된다.

요나서 3:1-4의 문맥 구조가 주는 함의[1]

---

1 이글은 '성경삶사역회' 소식지인 「성경·삶·사역」(2013, 겨울), pp. 17-21에 기고된 내용을 일부 수정하여 게재한 것이다. 이글의 어떤 부분은 본서의 '3장. 자기 생각을 고수하는 요나' 내용과 일부 중첩된다.

들어가는 말

요나서 3:1-4에는 이해하기 쉽지 않은 두 가지가 있다. 첫째는 '삼일 길'(3:3b, 개역한글)이란 표현이다. 이 표현이 니느웨 성의 직경을 말하는지, 그 성의 메시지 선포에 필요한 시간을 말하는지 불확실할 뿐 아니라, 그 어떤 경우에도 표현의 진의를 설명하기 쉽지 않다.[1] 둘째는 요나가 과연 하나님의 마음을 따라 메시지를 선포했느냐 하는 점이다. 4장에 나타난 요나의 모습이 3:1-4의 그것과 사뭇 다르게 나타나기 때문이다.

본고는 이 두 가지 어려움을 해소하는데 문맥 구조 연구 방법이 얼마나 도움이 되는지를 살펴보고자 한다.[2] 이를 위해 본고는

---

1 직경이라면 삼일 동안 꼬박 걸어갈 수 있는 거리는 약 82km가 되는데(참조. L. C. Allen, *The Book of Joel, Obadiah, Jonah and Micah*, NICOT [Grand Rapids: Eerdmans, 1976], p. 221) 이런 크기의 도시가 고대에 있었다고 보기 힘들다. 또한 선포에 필요한 시간이라고 한다면 선포의 방법과 대상을 선별하거나 전하는 시간 등을 명확하게 산별하기 쉽지 않다.

2 '문맥 구조'는 글에 있는 의미의 연관관계를 구조적으로 표시한 것을 말한다. 이에 대해서는 이진섭, '문맥 구조란 무엇인가?', 『빌립보서』 (서울: 홍림, 2012; 새창조,

3:1-4과 1:1-3을 비교하고 3:1-2과 3:3-4을 분석하면서 3:1-4
의 문맥 구조가 앞의 두 가지 문제에 어떤 해결의 빛을 던져주는
지 고찰하고자 한다.

1. 욘 3:1-4과 1:1-3

요나서 3:1-4에는 여호와의 말씀과 요나의 행동이 나타난다. 즉
3:1-2는 여호와께서 요나에게 하신 명령의 말씀이고, 3:3-4는 그
명령에 대한 요나의 반응이다. 그런데 재미있게도 여기에 나타난
명령과 반응은 1:1-3에 서술된 내용과 닮은 점이 있다. 다시 말해,
1:1-3이 첫 번째 명령과 그에 대한 반응이라면, 3:1-4은 두 번째
명령과 그에 대한 반응이다. 이 두 본문에 있는 명령과 반응은 다
음과 같이 서술 패턴이 유사하며 대비를 이룬다.

1.여호와의 첫 번째 명령 (1:1-2)	1. 여호와의 두 번째 명령 (3:1-2)
(1) 말씀의 임함 (1:1)	(1) 말씀의 임함 (3:1)
(2) 말씀의 내용 (1:2)	(2) 말씀의 내용 (3:2)
2. 요나의 첫 번째 반응 (1:3)	2. 요나의 두 번째 반응 (3:3-4)

2016), pp. 416-426; idem, 『성경사용설명서: 성경 묵상, 성경 공부, 설교를 위한
종합 매뉴얼』(서울: 새물결플러스, 2017), pp. 266-75; idem, '에베소서 2:1-10
의 문맥 구조 분석과 그 함의', 『성경과 교회』 15 (2017), pp. 153-56을 참조하라.

그런데 고민이 되는 점은 이 두 대비의 성격이다. 처음 것(1:1-3)과 나중 것(3:1-4)의 내용이 유사하게 그대로 반복되는지, 아니면 두드러진 차이를 보여주는지 판단하기가 쉽지 않다. 두 번의 명령에 근본적인 차이가 있는지 없는지, 또한 두 번의 반응에 근본적 변화가 있는지 없는지를 알아야 한다. 특별히 요나의 반응이 처음에는 명령과 반대되는 방향으로 (즉, 니느웨의 정 반대인 다시스로) 가는 것으로 나타나고, 나중에는 명령을 따라 (즉 니느웨로) 가는 것으로 나타나기에, 이런 대비의 실체가 좀 더 정확하게 규명될 필요가 있다. 이런 이해와 판단에는 해당 본문의 문맥 연구가 동반되어야 한다.

2. 욘 3:1-2

3:1-2의 문맥 구조는 다음과 같이 표현될 수 있다.

> 1. 여호와의 말씀과 지시 (3:1-2)
>   (1) 말씀의 임함: 여호와의 말씀이 두 번째 임함 (3:1)
>   (2) 말씀의 내용: 해야 할 행동 (3:2)
>   1) 지시 1: 일어나 저 큰 성읍 니느웨로 가라 (3:2a)
>   2) 지시 2: 내가 네게 명한 바를 그들에게 선포하라 (3:2b)

이 두 구절에는 여호와의 말씀이 임한다는 소개의 말이 먼저 나오고(3:1), 이어 그 말씀의 내용이 설명된다(3:2). 말씀의 내용은 세 개의 명령형 동사(일어나라, 가라, 선포하라)로 구성되는데, 그 내용은 크게 두 가지로 구분된다. 첫째는 '일어나 니느웨로 가라는 것'이고, 둘째는 '여호와께서 명한 바를 선포하라는 것'이다. 그런데 '여호와께서 명한 바'가 이 본문에 명확히 제시되지 않아 그 내용이 무엇인지 모호하다. 이 내용을 확인하려면 자연히 이전 명령인 1:1-2을 살필 수밖에 없다. 1:1-2의 문맥 구조는 다음과 같이 일단 정리된다.

> 1. 여호와의 말씀과 지시 (1:1-2)
> (1) 말씀의 임함: 여호와의 말씀이 (첫 번째) 임함 (1:1)
> (2) 말씀의 내용: 해야 할 행동 (1:2)
>   1) 할 행동 (1:2ab)
>   1〉 지시 1: 일어나 저 큰 성읍 니느웨로 가라 (1:2a)
>   2〉 지시 2: 그것을 향해 선포하라 (1:2b)
>   2) 행동의 이유?/ 전할 내용?...그 악독이 내 앞에 상달되었다 (1:2c)

3:1-2은 내용과 형식면에서 1:1-2과 매우 닮았다. 3:1의 도입은 1:1와 유사하고, 3:2에 등장하는 명령형 동사 세 개는 1:2에 그대로 나타난다. 두드러진 차이가 있다면 3:2b에는 '명한 바'라는 표현이 등장한 반면, 1:2c에는 '그 악독이 내 앞에 상달되었다.'라는 표현이 있다는 점이다. 그래서 자연히 1:2c의 '그 악독이 내 앞에 상달되었다.'라는 표현의 성격을 고민하게 된다. 이것이 요나가 전해야 하는 내용인지 아니면 전해야 하는 이유인지 판단해야 한다. 1:2c에 있는 히브리어 '키'(כִּי)가 명사절을 이끄는 접속사

(예컨대, 영어의 that)이거나 부사절을 이끄는 접속사(영어의 be-cause)일 수 있기에 문법적으로는 두 경우(내용이나 이유) 모두 가능하다. 하지만 전해야 할 내용이라기보다는 전해야 할 이유로 보는 게 다음의 세 가지 이유로 볼 때 타당하다. 첫째, 1:2c의 표현은 3:4b에서 요나가 전한 메시지와 (즉, '사십일이 지나면 니느웨가 무너지리라'라는 것과) 차이가 있다. 이 두 가지(3:4b와 1:2c)가 서로 연관성이 있기는 하지만, 말의 초점이 다르기에 1:2c의 표현을 전해야 하는 메시지라고 확신하기 어렵다. 둘째, 1:2c의 표현은 전할 메시지의 핵심 내용으로 보기에 무엇인가 부족한 점이 있다. 내용이 뭔가 마무리가 되지 않은 듯이 보이기 때문이다. (악독이 상달되어서 결국 뭐가 어떻다는 말인가?) 셋째, 더구나 히브리어 '키'(כִּי)가 직접화법과 같이 사용될 때는 보통 명사절을 이끈다는 연구가 있다.[3]

그렇다면 일단 '그 악독이 내 앞에 상달되었다.'(1:2c)라는 문구를 전해야 할 메시지의 핵심내용이라 보기는 어렵다. 그렇다고 요나가 나중에 선포한 '사십일이 지나면 니느웨가 무너지리라'(3:4b)라는 말이 곧 여호와께서 전하라는 메시지의 핵심이라고 판단하기도 어렵다. 알 수 있는 점은 1:2과 3:2 두 곳 모두에서 하나님께서 전하라는 메시지 내용은 명확하게 드러나지 않는다는 사실이다. 두 본문 모두 전해야 할 메시지는 은근하게 감추어져 있다. 이런 특징은 다분히 저자의 의도를 반영한다.

---

3 참조. A. Schoors, 'The Particle kî', *OTS* 21 (1981), pp. 240-76.

3. 욘 3:3-4

그러면 여호와의 두 번째 지시에 대한 요나의 반응은 어떤가? 3:3-4에는 여호와의 두 가지 지시에 대한 요나의 각 반응이 나온다. 3:3a는 '일어나 가라'라는 명령에 대한 반응이고, 3:4b는 '명한 바를 선포하라'라는 것에 대한 반응이다. 그런데 요나의 반응을 이해하는데 있어 두 가지 어려운 점이 등장한다. (1) 하나는 3:3b의 표현('니느웨는 극히 큰 성읍이므로 삼일 길이라.'[개역한글])이 3:3a와 3:4a중 어느 구절과 더 가까이 연결되는가 하는 점이고, (2) 다른 하나는 3:4b에 있는 요나의 말('사십일이 지나면 니느웨가 무너지리라.')이 과연 여호와께서 전하라고 한 메시지인가 하는 점이다.

(1) '니느웨는 극히 큰 성읍이므로 삼일 길이라.'(3:3b)라는 언급은 요나가 니느웨로 갔다는 내용(3:3a)에 첨가한 말일 수도 있고 아니면 요나가 그 성에서 하룻길을 행했다는 내용(3:4a)과 연결된 말일 수도 있다. 그런데 (개역한글에) '성읍'(3:3b)과 '성'(3:4a), '삼일 길'(3:3b)과 '하룻길'(3:4a) 사이의 대비가 3:3b와 3:4a에 두드러지게 나타나는 점으로 볼 때[4] 3:3b와 3:4a를 연결해서 보는 게 낫다. 따라서 3:3a('요나가 여호와의 말씀대로 일어나 니느웨로 가니라')는 '여호와의 지시 1'('일어나 니느웨로 가라', 3:2a)에 대한 요나의 반응을 묘사한 내용이고, 이어지는 3:3b-4는 '여호

---

[4] 개역개정에는 '성읍'(3:3b)과 '성읍'(3:4a), '사흘 동안'(3:3b)과 '하루 동안'(3:4a)으로 표현되어 있지만, 3:3b와 3:4a 사이의 대비는 그대로 볼 수 있다.

와의 지시 2'('네게 명한 바를 선포하라', 3:2b)에 대한 요나의 반응을 묘사한 내용으로 보인다.

(2) '사십일이 지나면 니느웨가 무너지리라.'(3:4b)라는 메시지는 니느웨에 선포하라는 여호와의 명령을 외형상 요나가 순종한 것처럼 보일 수 있다. 하지만 이미 앞에서 살폈듯이 여호와께서 전하라는 메시지가 정확히 무엇인지 분명하지 않다. 요나가 전한 이 메시지가 과연 여호와가 전하라는 내용 전체인지 쉽게 판가름하기 힘들다. '악독이 여호와 앞에 상달'하였기 때문에(1:2b) 요나가 전한 심판의 메시지(3:4b)가 원래 전하라는 메시지일 수도 있다. 하지만 두 표현이 서로 다르기에 쉽게 장담하기는 힘들다. 40일 후에 있을 심판의 소식만을 전달하려고 요나를 그 멀리(약 800km가 넘는 니느웨)까지 보내야 했을까 하는 의문이 든다.[5] 더구나 여호와께서 니느웨 성의 심판보다는 회개를 바라신다는 점이 4장에서 분명히 드러나기에 의심은 더욱 커진다. 이런 상황에서 중요한 것은 3:3b-4a의 내용이다. 3:3b와 3:4a에서 발견되는 분명한 대비는 메시지를 전하는 요나의 태도에 문제가 있음을 알려준다. 니느웨는 '극히 큰 성읍'이어서 '삼일 길'이다(3:3b, 개역한글). 하지만 요나는 '그 성'에 들어가며 오직 '하룻길'만을 행하며 외친다(3:4a, 개역한글). 그 성은 삼일 길이 필요하지만 요나는 그 성에서 오직 하룻길만 행한다. 이처럼 3:3b-4a은 요나의 불성실한 태도를 이러한 대비로 보여준다. 더구나 개역한글 3:3b에 '극히'라고 번역된 히브리어 '레엘로힘'(לֵאלֹהִים)이란 표현이 '하나님에게'라는

---

5 고대의 교통수단을 고려해 볼 때 이렇게 먼 거리까지 가는 건 간단한 일이 아니다.

뜻으로 번역될 수도 있다는 점을 감안하면(개역개정은 이렇게 번역했다), 그 대비는 더 극명해진다.[6] 니느웨 성은 하나님에게는 삼일 길의 사역이 필요한데, 요나는 단지 하룻길의 사역만으로 마친다. 다시 말해 요나가 (처음에는 여호와의 명령을 거부해 아예 죽으려 했지만 물고기로 살리시니 결국) 이제 어쩔 수 없어 니느웨로 가긴 가지만, 하나님이 원하시는 대로 메시지를 전하지는 않는다. 여호와는 니느웨의 회개를 겨냥한 심판의 메시지를 요구하시지만, 요나는 회개를 뺀 심판의 메시지만을 던진다. 요나의 메시지에 회개의 촉구가 없었다는 사실은 니느웨 왕의 말에서 읽을 수 있고(3:9), 요나가 원래부터 그런 맘을 가지고 있었다는 점은 4장에 나타난 요나의 불평에서 극명하게 드러난다(4:1-2). 요나는 처음부터 니느웨 성이 멸망되기를 바랐기에 여호와의 명령을 거부하여 다시스로 도망갔고, 이제 어쩔 수 없이 니느웨로 가게 되었지만 결국 여호와의 명령을 따르지 않고 자기 원대로 멸망의 메시지만 선포한다. 결국, 3:3b-4a는 요나의 불성실한 태도를 소개하고, 3:4b는 요나의 불성실한 반쪽 메시지를 서술한다. 이렇게 이해한 내용은 다음과 같이 정리될 수 있다.

---

6 J. M. Sasson, *Jonah: A New Translation with Introduction, Commentary, and Interpretation* New York: Doubleday, 1990), pp. 228-30.

2. 요나의 반응과 행동: 니느웨 성으로 가지만, 반쪽(자기) 메시지를 전
함 (3:3-4)

(1) 지시 1에 대한 반응: 여호와의 말씀대로 일어나서 니느웨로 감 (3:3a)

(2) 지시 2에 대한 반응: 요나 자신의 의도대로 전함 (3:3b-4)

1) 메시지를 전하는 태도: 삼일 길이 필요한데 하룻길만 행함 (3:3b-4a)

1〉 하나님 입장: '극히 큰' ('여호와께는 중요한') 성읍이므로
삼일 길이 필요함 (3:3b)

2〉 요나 입장: 그 성에서 하룻길을 행함 (3:4a)

2) 메시지 내용: 멸망의 메시지만 전함('사십일이 지나면 니느웨가
무너지리라.') (3:4b)

나오는 말

논의된 내용 모두를 종합하면, 3:1-4의 문맥 구조는 다음과 같
이 최종 정리된다.

* 갈등의 재개: 여호와의 지시와 요나의 메시지 (3:1-4)

1. 여호와의 말씀과 지시 (3:1-2)

(1) 말씀의 임함: 여호와의 말씀이 두 번째 임함 (3:1)

(2) 말씀의 내용: 해야 할 행동 (의도가 감추어져 있음) (3:2)

1) 지시 1: 일어나 저 큰 성읍 니느웨로 가라 (3:2a)

2) 지시 2: 내가 네게 명한 바를 그들에게 선포하라 (3:2b)

2. 요나의 반응과 행동: 니느웨 성으로 가지만, 반쪽(자기) 메시지를 전함 (3:3-4)

  (1) 지시 1에 대한 반응: 여호와의 말씀대로 일어나서 니느웨로 감 (3:3a)

  (2) 지시 2에 대한 반응: 요나 자신의 의도대로 전함 (3:3b-4)

    1) 메시지를 전하는 태도: 삼일 길이 필요한데 하루 길만 행함 (3:3b-4a)

      1〉 하나님 입장: '극히 큰' ('여호와께는 중요한') 성읍이므로 삼일 길이 필요함 (3:3b)

      2〉 요나 입장: 그 성에서 하룻길을 행함 (3:4a)

    2) 메시지 내용: '사십일이 지나면 니느웨가 무너지리라.' (3:4b)

    … 여호와의 의도와 다르게 니느웨가 무조건 멸망하기 바라는 메시지를 전함

이 문맥 구조에서 잘 나타난 것처럼 3:3-4에 나타난 요나의 반응은 1:3에 나타난 요나의 불순종과 기본 맥락에서 다르지 않다. 1:3은 그 불순종이 외형적으로 나타났다면, 3:3-4의 불순종은 내면에 은밀하게 감추어진 채 진행된다. 어쩌면 3:3-4의 불순종이 더 고약하게 보인다. 하나님께 불순종했을 뿐 아니라, 하나님의 메시지마저 왜곡하여 전했기 때문이다. 3장의 요나도 1장의 요나처럼 하나님의 마음을 따라가지 않는다. 3장도 여전히 요나와 하나님은 평행선이다. 유사한 맥락에서 '삼일 길'(3:3b)이란 표현도 이해할 수 있다. 이 표현은 요나가 행한 '하룻길'과 대비하여 하나님의 기준에서 판단한 성의 크기와 중요도를 드러낸다. 요나가 하나님의 마음과 다르게 가고 있다는 사실을 나타내려는 장치이다. 이처럼 문맥 구조 연구 방법은 3:1-4에서 이해하기 어려웠던 '삼일

길'이란 표현과 요나 메시지의 성격을 전체 문맥에 맞게 적절히 이해하는데 필요한 도움을 준다.

참고문헌

참고문헌 (Bibliography)

이진섭, 『그리스도인의 계획 어떻게 세울 것인가?: 실제편』, 서울: 경륜, 2001.

_____, 『그리스도인의 계획 어떻게 세울 것인가?: 이론편』, 서울: 경륜, 2000.

_____, 『빌립보서』, 성경문맥주석, 서울: 홍림, 2012; 새창조, 2016.

_____, 『성경사용설명서: 성경 묵상, 성경 공부, 설교를 위한 종합 매뉴얼』, 서울: 새물결플러스, 2017.

_____, '에베소서 2:1-10의 문맥 구조 분석과 그 함의', 『성경과 교회』 15 (2017), pp. 151-83.

Aalders, G. Charles., *The Problem of the Book of Jonah*, London: Tyndale Press, 1948.

Achtemeier, Elizabeth, *Minor Prophets* I, NIBC; Peabody: Hendrickson, 1996.

Alexander, T. D., *Jonah,* in D. W. Baker, T. D. Alexander, B. K. Waltke, *Obadiah, Jonah and Micah,* TNTC; Leicester: IVP, 1988, pp. 45-131.

Allen, Leslie C., *The Book of Joel, Obadiah, Jonah and Micah,*

NICOT; Grand Rapids: Eerdmans, 1976.

Magonet, Jonathan, *Form and Meaning: Studies in Literary Techniques in the Book of Jonah*, Sheffield: The Almond Press, 1983(Bern: Herbert Lang, 1976).

Person Jr., Raymond F., *In Conversation with Jonah: Conversation Analysis, Literary Criticism, and the Book of Jonah*, JSOT Supplement Series 220; Sheffield: Sheffield Academic Press, 1996.

Salters, R. B., *Jonah & Lamentations*, Sheffield: JSOT Press, 1994.

Sasson, Jack M., *Jonah: A New Translation with Introduction, Commentary, and Interpretations*, ABS 24B; New York: Doubleday, 1990.

Stuart, Douglas, *Hosea-Jonah*, WBC 31; Waco: Word Books, 1987.

VanGemeren, Willem A., *New International Dictionary of Old Testament Theology and Exegesis*, Vol. 2, Carlisle: Paternoster, 1997.

Wolff, Hans Walter, *Obadiah and Jonah: A Commentary*, Margaret Kohl (tr.), Minneapolis: Augsburg Publishing House, 1986.